RÉVOLUTION D'ESPAGNE.

1854

—

L'ORNIÈRE DES RÉVOLUTIONS,

PAR

ÉMILE DE GIRARDIN.

PARIS.
LIBRAIRIE NOUVELLE,
BOULEVARD DES ITALIENS, 15, EN FACE LA ... DORÉE.
1856

Nous réimprimons, sans y rien changer, les articles publiés en août 1854, sur la révolution opérée en juillet 1854 par les généraux Domingo Dulce et Leopoldo O'Donnell. Il est parfois nécessaire, pour se guider en avant, de regarder en arrière et de s'assurer ainsi qu'on est dans le bon chemin.

L'ORNIÈRE DES RÉVOLUTIONS

(*La Presse*, 4 août 1854).

I.

« Toutes les révolutions qui ont agité
les peuples, tous les efforts des grands
hommes, guerriers ou législateurs, ne
doivent-ils aboutir à rien ? »
L.-N. BONAPARTE, t. Ier, p. 187.

« La destinée donne une heure par
siècle à l humanité pour se régénérer ;
cette heure, c'est une révolution, et les
hommes la passent à s'entre-déchirer ;
ils donnent à la vengeance l'heure don-
née par Dieu à la régénération et au
progrès. »
LAMARTINE, *Voyage en Orient*, t. Ier.

Rien de plus facile que de verser dans l'ornière
des révolutions ; rien de plus difficile que d'en sortir.
La France l'a appris à ses dépens, sans que l'expérience acquise en 1789 et en 1830 lui ait servi en
1848. L'Espagne aura-t-elle plus de mémoire, plus
d'habileté ou plus de bonheur? Armer tous les Espagnols en se fondant sur la nécessité de rétablir la
garde nationale comme partie intégrante de l'organisation politique ; prendre encore une fois l'écueil
pour le port en ramant vers une constitution nouvelle ; parler de décentralisation, sans savoir ce qu'on
entend exactement par ce mot ; rendre des décrets
de la nature de celui qui ordonne la suppression d'une
machine uniquement coupable d'un excès de perfec-
tion ; faire ce qu'on a blâmé ; opposer l'internement

des uns à l'internement des autres (1); mettre en jugement des ministres en suite; distribuer au nom de la reine et du roi 30,000 réaux à des blessés qui eussent été fusillés s'ils eussent été les vaincus au lieu d'être les vainqueurs; déconsidérer ainsi l'institution de la royauté lorsqu'on déclare vouloir la maintenir : ce sont là d'assez mauvais présages.

Pourquoi mettre aux mains de citoyens des armes qu'ils pourront tourner les uns contre les autres dès qu'ils ne s'accorderont plus sur ce que devront faire les pouvoirs nouveaux? Pourquoi rétablir la garde nationale, puisque c'est l'armée qui a pris l'initiative et la responsabilité du mouvement ? Qu'est-ce que la garde nationale fera de plus que l'armée, placée sous le commandement des généraux Espartero, O'Donnell, Dulce, San-Miguel, Serrano, Ros de Olano, Messina, Garrego, Ametler, de la Concha, Zavala, etc., etc. ? Ne serait-ce pas plutôt le cas de faire rentrer, au nom de la concorde, tous les fusils dans les arsenaux, et de licencier, au nom de l'économie, l'armée sous le poids de laquelle plie le budget? Est-ce qu'un peuple rival menace l'indépendance du peuple espagnol ou l'intégrité de son territoire? L'Espagne a-t-elle donc besoin d'une autre force armée que de celle stricte-

(1) Voir la *Presse* du 2 août 1854, où on lit ce qui suit :

« Quelques généraux des plus compromis ont dû opter entre un internement et un voyage à l'étranger. On sait assez que nous n'approuvons pas ces représailles, qui se légitiment les unes par les autres, et où se complaisent les révolutions, pas plus que nous n'aimons le décret pour la suppression d'une machine, rendu à Barcelone, et dont nous avons déjà dit un mot... Si ce décret a, en effet, été rendu, il faut le déplorer, car un gouvernement réparateur qui proclame que « sans la liberté il n'y a pas de nations dignes de ce nom, » ne doit, sous aucun prétexte, et pour aucun motif, transiger avec l'ignorance populaire. Rien ne saurait justifier un pareil décret, pas même l'excuser. Dès que le peuple fait acte de souverain, c'est alors qu'il faut l'éclairer, même au péril de sa vie, si on lui est sincèrement dévoué; oui, c'est alors qu'il faut lui dire la vérité; on ne lui doit d'égards que lorsqu'il est opprimé et malheureux; mais quand il est tout-puissant, le flatter, c'est le trahir, c'est l'égarer, c'est le mener encore une fois à sa perte. »

ment nécessaire au maintien de la tranquillité, à l'exécution des ar.êts de la justice, à la répression des
crimes et délits, et à l'arrestation des malfaiteurs? Il
ne suffit pas de demander la suppression de la contri-
bution des portes et des entrées et autres taxes indirec-
tes; il faut rendre cette suppression pos..ible, et comment la rendre possible, si l'on ne réduit pas les dépenses d'une quantité correspondante? Qui veut la fin
doit vouloir les moyens. Si banale que soit cette vérité,
il est rare cependant que les révolutions ne la mécon-
naissent pas. Presque toujours elles ne veulent pas
les moyens de ce dont elles veulent la fin. Comme la
foudre, elles habitent les nuages; aussi, comme la
foudre, ne savent-elles qu'incendier et détruire, et ne
sont-elles fécondes qu'en désastres.

Si, en m'exprimant ainsi, je calomnie les révolutions, qu'il s'en trouve donc une, enfin, qui me donne
le démenti que je désire tant recevoir! Qu'il s'en
trouve donc une, enfin, qui ne recule pas, le lendemain du triomphe, devant la liberté revendiquée la
veille du combat, et qui la veuille aussi bien pour les
vaincus que pour les vainqueurs, seul moyen de la
rendre définitive et de mettre à jamais fin au régime
séculaire et suranné des proscriptions réciproques
et successives.

Dès le 23 février 1848, je définissais ainsi la liberté : Une assurance mutuelle entre tous les partis
contre les risques successifs de la politique, si sujette
aux revirements les plus étranges, les plus imprévus.

Cette définition était-elle juste? O partis, qui tous
avez été intolérants, et qui maintenant êtes tout au
plus tolérés, je vous le demande !

Sous quelque prétexte que ce soit, ajourner la liberté qu'on a revendiquée, c'est la renier.

Il y a deux doctrines entre lesquelles il faut choisir : l'une qui n'admet en politique que des erreurs ;
l'autre qui les érige en crimes.

La première de ces doctrines est celle de la liberté : l'expiation par l'insuccès lui suffit ; la seconde est celle de l'autorité : l'expiation par l'insuccès ne lui suffit pas ; elle a besoin d'y ajouter le geôlier ou le bourreau.

Faire condamner par le tribunal le ministre San-Luis, ce serait l'absoudre, car ce serait l'imiter ; c'est, au contraire, en l'amnistiant qu'il faut le condamner, car ce sera lui prouver par la liberté même la liberté qu'il avait niée.

Les échafauds sont aussi inutiles à la liberté que les bûchers à la vérité. La tolérance est à la liberté ce que l'évidence est à la vérité. C'est sa preuve. La liberté ne doit pas craindre qu'on l'accuse d'être trop tolérante, pas plus que la vérité n'a à craindre qu'on l'accuse d'être trop évidente.

Les ministères qui ont eu successivement à leur tête des Bravo-Murillo, des Lersundi, des Roncali, des San-Luis, ont tous nié que la liberté telle qu'elle existe aux États-Unis et en Angleterre pût exister en Espagne ; c'est en y fondant à jamais la liberté n'ayant d'autres limites que les limites qui lui sont propres que l'on convaincra d'impuissance et d'ignorance ces faux hommes d'État. Toute autre conduite aurait pour effet de les réhabiliter. Vous qui allez leur succéder, ne vous hâtez pas de les faire condamner par la justice, si vous devez les faire absoudre par l'histoire ! Si, vous aussi, vous devez tomber dans les mêmes fautes, ne vous hâtez pas de les qualifier crimes et de les punir comme tels !

Que gagnera la liberté, en Espagne, à ce qu'un ministère ait été judiciairement déclaré traître envers elle !

Qu'a gagné la liberté, en France, à ce que le prince de Polignac, le comte de Peyronnet et leurs collègues aient été condamnés à la mort civile et à la détention perpétuelle !

Est-ce qu'on ne sortira donc jamais de l'ornière des révolutions !

Mais comment en sortir ?

En restituant sans retard et sans hésitation au *pouvoir individuel*, c'est-à-dire à la Liberté, tout ce que le *pouvoir indivis*, c'est-à-dire l'Etat, c'est-à-dire l'Autorité, lui a pris indûment ;

En abolissant l'armée et en ne laissant plus subsister que la force publique nécessaire pour protéger la faiblesse individuelle contre toute agression au même titre qu'il existe un corps de pompiers pour protéger les personnes et les propriétés en cas d'incendie ;

En transformant l'impôt en prime générale et spéciale d'assurance proportionnelle à la valeur et au risque : ceux qui ont beaucoup payant beaucoup, ceux qui ont peu payant peu, ceux qui n'ont rien ne payant rien, ni directement ni indirectement ;

En réformant le budget et le divisant ainsi : *la dette* ou le passé, *l'impôt* ou le présent, *l'emprunt* ou l'avenir, division fondamentale qui facilite toutes les économies et tous les progrès ;

En proclamant et effectuant l'indépendance réciproque de l'Eglise et de l'Etat : tout fidèle rétribuant directement son culte et son prêtre ;

En constituant la Commune et en lui laissant, dans le cercle de ses attributions parfaitement définies, une liberté d'action égale à celle de l'Etat, celle-là et celui-ci se mouvant chacun dans son orbite ;

En consacrant à l'instruction et à la circulation, sans lesquelles il n'y a ni civilisation populaire ni richesse nationale, tous les fonds trop longtemps détournés de ce double emploi pour solder des armées ruineuses et salarier des fonctions inutiles.

Mais non, en Espagne, comme en France, on aimera mieux encore retomber dans l'ornière des révolutions, c'est-à-dire convoquer des Cortès pour y perdre un temps précieux à discuter une nouvelle Constitution qui ne servira, comme toujours, qu'à diviser les vainqueurs et qu'à ramener les vaincus.

II.

Toute révolution victorieuse qui commence par faire du pouvoir au nom de la liberté, au lieu de faire de la liberté au nom du pouvoir, tombe dans l'ornière d'où elle ne sortira plus.

— Mais, me dit-on, sortez donc vous-même de cette ornière que votre plume ne cesse de creuser depuis plus de dix années. Cette liberté, dont vous ne laissez passer aucune occasion de citer le nom, n'est qu'un mot vide de sens ; ce qui le prouve, c'est qu'aussitôt qu'il s'agit de la faire descendre de la région des généralités pour la faire entrer dans le domaine des faits, hommes et partis ne s'entendent plus. Tel qui, la veille, l'appelait liberté, le lendemain l'appelle licence, et tel qui, la veille, l'appelait licence, le lendemain, l'appelle liberté. Plus on la discute, et moins on parvient à se mettre d'accord, et sur le point où elle doit commencer et sur le point où elle doit finir. Si la liberté n'est pas le levain qui fait aigrir et fermenter toutes les passions humaines, si la liberté n'est pas le leurre qui sert à l'ambitieux pour attirer à lui la foule, si la liberté, enfin, n'est pas un vain mot, qu'est-ce donc?

Je commence par répondre à cette interpellation que si la liberté n'était qu'un vain mot, la reine d'Espagne n'eût pas dit :

« Sans liberté, il n'y a pas de nations dignes de ce nom. »

L'empereur Napoléon Ier, mourant à Sainte-Hélène, n'eût pas écrit à son frère, le roi Joseph :

« Dites à mon fils qu'il se rappelle avant tout qu'il est Français ; qu'il donne à la nation autant de liberté que je lui ai donné d'égalité. »

L'empereur Napoléon III n'eût pas imprimé :

« Ennemi de toute théorie absolue et de toute puissance morale, je n'ai d'engagements envers aucun parti, envers aucune secte, envers aucun gouvernement; ma voix est libre comme ma pensée... et j'aime la liberté. (T. 1er, p. 186).

» Le sort commun à toute nouvelle vérité qui surgit est d'effrayer au lieu de convaincre. C'est qu'elle s'élance avec d'autant plus de force qu'elle a été plus longtemps comprimée; c'est qu'ayant des obstacles à vaincre, il faut qu'elle lutte et qu'elle renverse jusqu'à ce que, comprise et adoptée par la génération, elle devienne la base d'un nouvel ordre social. La liberté suivra la même marche que la religion chrétienne. Arme de mort pour la vieille société romaine, le christianisme a excité pendant longtemps la crainte et la haine des peuples ; puis, à force de martyres et de persécutions, la religion du Christ a pénétré dans les esprits et dans les consciences; bientôt elle eut à ses ordres des armées et des rois; Constantin et Charlemagne la promenèrent triomphante en Europe. Alors la religion déposa ses armes de guerre ; elle dévoila à tous les yeux les principes d'ordre et de paix qu'elle renfermait et devint l'élément organisateur des sociétés, l'appui même du pouvoir. Il en sera ainsi de la liberté. Elle a déjà eu les mêmes phases. En 1793, elle effraya les peuples autant que les souverains; puis, ayant revêtu des formes plus douces, elle s'insinua partout à la suite de nos bataillons. En 1815, tous les partis adoptèrent son drapeau, et s'étayant de la force morale, ils se couvrirent de ses couleurs. L'adoption n'était pas sincère; la liberté fut obligée de reprendre son armure de guerre. Avec la lutte reparurent les craintes. Espérons que bientôt elles cesseront, et que la liberté revêtira ses habits de fête pour ne plus les quitter. (T. Ier, p. 197.)

» Quel est son but ? La liberté.

» Oui, la liberté! et plus on étudiera l'histoire de Napoléon, plus on se convaincra de cette vérité. Car la liberté est comme un fleuve : pour qu'elle apporte l'abondance et non la dévastation, il faut qu'on lui creuse un lit large et profond. Si, dans son cours régulier et majestueux, elle reste dans ses limites naturelles, les pays qu'elle traverse bénissent son passage; mais si elle vient comme un torrent qui déborde, on la regarde comme le plus terrible des fléaux ; elle éveille toutes les haines, et l'on voit alors des hommes, dans leur prévention, repousser la liberté parce qu'elle détruit, comme si l'on devait bannir le feu parce qu'il brûle et l'eau parce qu'elle inonde. (T. Ier, p. 209.)

» Le gouvernement de Napoléon, plus que tout autre, pouvait supporter la liberté, par cette unique raison que la liberté eût raffermi son trône, tandis qu'elle renverse les trônes qui n'ont pas de base solide.

» La liberté eût affermi sa puissance, parce que Napoléon avait établi en France tout ce qui doit précéder la liberté ; parce que son pouvoir reposait sur la masse entière de la nation ; parce que ses intérêts étaient les mêmes que ceux du peuple : parce qu'enfin la confiance la plus entière régnait entre gouvernants et gouvernés. (T. 1er, p. 321.)

» La liberté de la presse n'eût servi qu'à mettre en évidence la grandeur des conceptions de Napoléon, qu'à proclamer les bienfaits de son règne. Général, consul, empereur, ayant tout fait pour le pays, eût-il craint qu'on lui reprochât des conquêtes qui n'avaient eu pour résultat que la prospérité et la grandeur de la France, que la paix du monde? Non, ce n'était pas un gouvernement resplendissant de lauriers civils et militaires qui pouvait redouter le grand jour! Plus une autorité a de force morale, moins l'emploi de la force matérielle lui est nécessaire; plus l'opinion lui confère de pouvoir, plus elle peut se dispenser d'en faire usage.

» Répétons-le donc, l'identité des intérêts entre le souverain et le peuple, voilà la base essentielle d'une dynastie. Un gouvernement est inébranlable quand il peut se dire : Ce qui profitera au plus grand nombre, ce qui assurera la liberté des citoyens et la prospérité du pays fera aussi la force de mon autorité et consolidera mon pouvoir. Mais lorsqu'un gouvernement n'a ses partisans que dans une seule classe, que la liberté ne donne des armes qu'à ses ennemis, comment peut-on espérer de lui qu'il étende le système d'élection, qu'il favorise la liberté? Peut-on demander à un gouvernement qu'il se suicide lui-même? Ainsi, avec Napoléon, on arrivait sans secousse et sans troubles à un état normal, où la liberté eût été le soutien du pouvoir, la garantie du bien-être général, au lieu d'être une arme de guerre, une torche de discorde. (T. 1er, p. 325.)

» Nous voudrions que nos hommes d'Etat adoptassent de la Grande-Bretagne les institutions qui protégent la liberté individuelle, qui développent l'esprit d'association et forment l'esprit de légalité. (T. III, p. 67).

« Eh quoi! s'écrient les peuples étrangers, les Français,
» malgré toutes leurs révolutions, n'ont pu fonder encore
» chez eux ni la liberté, ni l'ordre, ni la prospérité! Les
» priviléges et les abus n'ont fait que changer de mains!...
» Ils ne sont point maîtres de leurs personnes, car le
» dernier agent du pouvoir a le droit de les jeter dans une
» prison et de les y laisser des mois entiers en détention
» préventive! Ils sont enlevés à leurs juges naturels; ils
» ne peuvent se réunir plus de vingt personnes pour causer de leurs propres intérêts!... Qu'ont donc gagné les
» Français à leurs révolutions?... »

» Nous y avons gagné une seule chose : l'expérience; cette expérience triste et terrible, mais vraie, qui nous apprend à ne point mettre notre confiance dans les individus, mais dans les institutions seules, à ne point ajouter foi aux promesses des hommes, mais à leurs antécédents; à ne jamais applaudir les paroles, mais les faits; à ne pas désirer tel ou tel ministère, mais à demander une chose positive, un principe, un système. (T. III, p. 84.)

» En Angleterre, la plupart des questions importantes, avant d'être portées au parlement, ont été préalablement approfondies et discutées dans une foule de réunions publiques ou privées, qui sont comme autant de rouages qui épluchent, broient et pétrissent la matière politique avant qu'elle ne passe sous le grand laminoir parlementaire. Lorsque le membre de la chambre des communes arrive à Westminster, il a déjà une entière connaissance de tous les sujets qui doivent se présenter pendant la session, et il a déjà pris maintes fois la parole dans un grand nombre de *meetings* et de dîners, il a soutenu de fréquentes discussions dans les *clubs* dont il fait déjà partie.

» En France, au contraire, le député qui arrive à la chambre n'a entendu de controverses politiques que dans son journal, et les occasions lui manquent pour approfondir l'opinion et pour s'exercer dans des luttes préparatoires à la grande lutte de la tribune.

» Le droit d'association est donc la base fondamentale d'un gouvernement représentatif. (T. III, p. 90.)

» Ne devons-nous pas, en effet, rougir, nous, peuple libre, ou qui, du moins, nous croyons tel, puisque nous avons fait plusieurs révolutions pour le devenir, ne devons-nous pas rougir, disons-nous, en songeant que même l'Irlande, la malheureuse Irlande, jouit, sous certains rapports, d'une plus grande liberté que la France de Juillet? Ici, par exemple, vingt personnes ne peuvent se réunir sans l'autorisation de la police, tandis que, dans la patrie d'O'Connell, des milliers d'hommes se réunissent, discutent leurs intérêts, menacent les fondements de l'empire britannique, sans qu'aucun ministre ose violer la loi qui protége, en Angleterre, le droit d'association.

» Répétons-le donc en terminant, la France n'est point organisée selon ses mœurs, ses intérêts, ses besoins; ni le pouvoir ni la liberté ne sont solidement constitués. (T. III, p. 134.)

» Mais ce ne sont pas seulement les lois qui protégent les citoyens, c'est aussi la manière dont elles sont exécutées, c'est la manière dont le gouvernement exerce le pouvoir. En Angleterre, l'autorité n'est jamais passionnée : ses allures sont modérées et toujours légales : aussi n'y connaît-on pas les violations du domicile d'un citoyen, auxquelles on est si sujet en France sous le nom de visites domiciliaires; on respecte le secret des familles en laissant intactes les correspondances; on ne gêne en rien la première de toutes les libertés, celle d'aller où bon vous semble, car on n'exige de personne ces passeports, invention oppressive du comité de salut public, et qui sont un embarras et un obstacle pour les citoyens paisibles, sans arrêter en aucune façon ceux qui veulent tromper la vigilance de l'autorité.

» Ce qui assure encore la liberté, c'est l'organisation de la police, qui, au lieu de provoquer afin de punir, prévient les crimes et évite les peines.

» En France, où l'on se montre si jaloux de tout ce qui touche à l'égalité et à l'honneur national, on ne s'attache pas religieusement à la liberté individuelle. Qu'on trouble la tranquillité des citoyens, qu'on viole leur domicile, qu'on leur fasse subir pendant des mois entiers un emprisonnement préventif, enfin qu'on méprise les garanties individuelles, quelques hommes généreux élèveront la voix, mais l'opinion publique restera calme et impassible tant que vous n'éveillerez pas une passion politique.

» Là gît la plus grande raison de la violence du pouvoir ; il peut être arbitraire, parce qu'il ne trouve pas de frein qui l'arrête. En Angleterre, au contraire, les passions politiques cessent devant une violation du droit commun. C'est que l'Angleterre est un pays légal et que la France ne l'est pas encore devenue; c'est que l'Angleterre est un pays fortement constitué, tandis que la France lutte tour à tour, depuis quarante ans, entre les révolutions et les contre-révolutions, et que la religion des principes y est à créer. » (T. III, p. 269.)

Non, la liberté n'est pas un vain mot, et les peuples qui mettent leur espoir en elle ont raison, mais à la condition que la liberté de nom sera la liberté de fait et non le privilége pour quelques-uns de discourir à une tribune ou d'écrire dans un journal.

III.

> « La grande difficulté des révolutions est d'éviter la confusion dans les idées populaires.

> » Une erreur fatale est de croire qu'il suffise d'une déclaration de principes pour constituer un nouvel ordre de choses.

> » Après une révolution, l'essentiel n'est pas de faire une constitution, mais d'adopter un système qui, basé sur les principes populaires, possède toute la force nécessaire pour fonder et établir et qui, tout en surmontant les difficultés du moment, ait en lui cette flexibilité qui permette de se plier aux circonstances. D'ailleurs, après une lutte, une constitution peut-elle se garantir des passions réactionnaires ? Et quel danger n'y a-t-il pas à traduire en principes généraux des exigences transitoires ? »

> **L.-N. BONAPARTE**, t. 1er, p. 211.

Lorsque la liberté de nom n'est que le privilége de fait, soit de discourir à la tribune d'une chambre des pairs, d'une chambre des lords, d'un sénat ou d'une chambre des députés, d'une chambre des communes, d'une assemblée des représentants, soit d'écrire dans un journal dont la fondation et l'existence exigent des capitaux considérables, qu'importe au peuple qu'on restreigne ou même qu'on supprime cette liberté de nom, ce privilége de fait? Quels avantages, quelles garanties en retire-t-il?

Liberté de la presse, liberté de la tribune, est-ce donc là la liberté, toute la liberté !

Oui, répond M. de Montalembert, et il ajoute :

«Pour moi, la liberté politique, c'est le gouvernement
de discussion, le gouvernement de tribune, le gouvernement des assemblées... Savez-vous ce que le radicalisme
menace le plus ? Ce n'est pas, au fond, le pouvoir : le
pouvoir est une nécessité de premier ordre pour toutes
les sociétés ; il peut changer de mains, mais tôt ou tard
il se retrouve debout ; il ne périt jamais tout entier. Ce
n'est pas non plus la propriété : elle aussi peut changer
de mains, mais je ne crois ni à son anéantissement ni à
sa transformation. Mais savez-vous ce qui peut périr
chez tous les peuples ? C'est la liberté. Ah ! oui, elle périt,
et pendant de longs siècles elle disparait... Dès que la
démocratie l'emporte, on peut annoncer avec certitude
que c'en est fait de la liberté. L'une parait encore à côté
de l'autre pendant quelque temps, mais son heure a
sonné... Pour se maintenir, la démocratie condamne tout
ce qui veut vivre et agir à abdiquer toute valeur personnelle et à se plonger en adoration servile devant le fan-
tôme de la raison et de la vertu des masses. Elle détruit
ainsi logiquement non-seulement toutes les traditions,
tous les droits anciens et héréditaires, mais encore toute
indépendance, toute dignité et toute résistance. Elle réduit ainsi le genre humain en poussière, et, comme l'a
dit Benjamin Constant : « Quand l'orage vient, la pous-
» sière devient de la boue. » Ainsi, partout où elle triomphe, elle prépare et assure le triomphe du pouvoir absolu ; elle le rend nécessaire ; elle ne trouve qu'en lui un
temple ouvert à ses passions, un remède à ses fautes ;
elle finit par se personnifier en lui et se confondre avec
lui. Tout peuple qui se croit souverain au nom de la démocratie paye de sa liberté la rançon de sa prétendue liberté. Le marché peut n'être pas bon, mais il est inévi-
table. Méconnaître cette vérité, c'est fermer volontaire-
ment les yeux à tout ce qui se passe en Europe depuis
1789 ; c'est nier un fait qui a acquis la certitude d'un théo-
rème de géométrie (1). »

Non, quoi qu'en dise M. de Montalembert, la liberté de la tribune telle qu'il l'a pratiquée, et la liberté
de la presse telle qu'il s'en sert, ne sont pas la liberté,
toute la liberté, et c'est là ce qui justifie la démocratie
de tous les reproches qu'il lui adresse, de toutes les

(1) DES INTÉRÊTS CATHOLIQUES AU XIXe SIÈCLE, par M. de
Montalembert, 1852.

2

injures sous lesquelles il l'accable, lorsqu'il s'exprime ainsi :

« Je reconnais volontiers que la démocratie française, cette grande débauchée qui n'a rien respecté, rien ménagé, rien épargné, ne mérite guère d'être ménagée, et qu'on est en droit de la traiter comme les débauchées, en la mettant à l'hôpital ! Elle y mourra peut-être, peut-être aussi y guérira-t-elle à force d'abstinence et de silence. »

Mais, d'abord, qu'est-ce que la démocratie ?—C'est le droit du nombre le plus grand succédant au droit du nombre le plus petit ; c'est le *droit du travailleur* succédant au *droit du seigneur* ; c'est le *pouvoir rationnel* succédant au *pouvoir traditionnel* ; c'est la *liberté légitime* succédant à la *liberté légale*. La liberté légitime est celle que tout être pensant a le droit de posséder et le pouvoir d'exercer ; la liberté légale est celle qui est la conséquence de la substitution des lois positives à la loi naturelle.

Si le triomphe de la démocratie n'a abouti, en France, qu'à la chute et à la suppression de la liberté, qui faut-il en accuser ? qui faut-il en rendre responsable ? Est-ce la démocratie ? Non ; il faut uniquement en accuser et en rendre responsable l'ignorance de tous, républicains et royalistes, en matière de liberté.

On croit savoir ce que c'est que la liberté ; on ne le sait pas.

Théoriquement, c'est le gouvernement de soi-même, chacun ayant pour loi sa raison, pour tribunal sa conscience ;

C'est l'autorité individuelle ;

C'est la responsabilité directe et le droit réciproque ;

C'est l'égalité de droit entre tous, pour tous et contre tous sans aucune exception : que ce qui est permis à un soit permis à tous ; que ce qui est défendu à un soit défendu à tous ;

C'est la négation de la force ; conséquemment, la force est la négation de la liberté ;

C'est le droit du plus faible égal au droit du plus fort ; conséquemment, c'est l'équité;

C'est la raison qui lutte, la force qui succombe, la vérité qui triomphe ;

Pratiquement, c'est la séparation rationnelle entre ce qui est essentiellement *individuel* et ce qui est nécessairement *indivisible*, conséquemment *indivis*.

C'est : *pouvoir individuel* élevé à sa plus haute puissance, et le *pouvoir indivis* réduit à sa plus simple expression ;

C'est le pouvoir dénationalisé et individualisé ;

C'est le pouvoir de faire tout ce que n'interdit pas la raison démontrée par le raisonnement ;

C'est, enfin, le gouvernement de *chacun* par *chacun*, qu'il ne faut pas plus confondre avec le gouvernement de *tous* par *tous*, qu'avec le gouvernement de *tous* par *un*.

Qui dit liberté, dit responsabilité personnelle, directe, effective.

Qui dit autorité, dit responsabilité impersonnelle, indirecte, fictive.

Qui dit liberté, dit responsabilité encourue.

Qui dit autorité, dit responsabilité éludée.

Où la liberté existe, comme aux États-Unis, chaque être qui raisonne compte pour 1 multiplié autant de fois qu'il y a dans l'État d'êtres ayant atteint l'âge de raison ; où la liberté n'existe pas, mais où l'autorité existe, comme en Russie, la valeur de tous est réduite à la valeur d'un seul s'appelant empereur ou czar.

Mathématiquement, la liberté et l'autorité s'expriment ainsi :

Liberté : un multiplié par tous.

Autorité : tous réduits à un.

En d'autres termes :

Étant donnés deux peuples numériquement égaux et se composant chacun de 20 millions d'individus, l'un ayant la liberté et l'autre ne l'ayant pas : le rapport du premier au second sera ce qu'est le rapport numérique de 20,000,000 à 1.

Où le peuple est en pleine possession de sa liberté, chaque individu vaut comme unité ; mais où le peuple est encore en tutelle, l'individu ne vaut que comme fraction.

La liberté est aux peuples ce que le soleil est aux fruits : c'est elle qui les mûrit. L'autorité est à la liberté ce que l'ombre est au soleil. Ainsi s'explique pourquoi les peuples privés de liberté sont si lents à mûrir; ainsi s'expliquent la puissance de la liberté et l'impuissance de l'autorité. Il n'y a plus de puissance et de grandeur qu'avec la liberté et que par elle. L'impuissance finale est le châtiment suprême réservé à tout pouvoir qui se défie de la liberté : *un* peut-il savoir ce que *tous* réunis savent? — Non. Aussi la puissance, sans la science, n'est-elle plus que l'impuissance. Désormais, ce sera le savoir qui sera le pouvoir.

Quelle opinion aurait-on de l'administration d'un pays où la voie publique occuperait autant d'espace que la propriété privée, où la circulation absorberait autant de terrain que la culture?—On en aurait, certes, la plus détestable opinion. Eh bien! que doit-on penser des pays où le *pouvoir indivis*, l'autorité, l'État, partageant la liberté humaine, en prennent une moitié pour protéger l'autre, disent-ils? Heureux encore les pays où le *pouvoir indivis*, où l'autorité, ne prend pas, comme en Russie, 99 sur 100 au *pouvoir individuel*, à la liberté! Aux États-Unis, c'est la proportion renversée : le moins que conserve le *pouvoir individuel*, la liberté, c'est 99 sur 100; c'est tout au plus si le *pouvoir indivis*, si l'autorité, sur 100 retient 1.

La liberté de l'homme a pour limite sa raison, et n'en doit avoir aucune autre. Voulez-vous restreindre sa liberté, étendez sa raison.

Avoir la liberté, c'est avoir l'entière propriété de sa personne.

La liberté est un arbre qui a pour branches et pour rameaux :

La liberté de penser,
   de prier,
    de parler,
     d'écrire,
      de correspondre,
       d'imprimer,
        de discuter,
         d'enseigner,
          de se réunir,
           de s'associer :

La liberté de travailler,
   d'échanger,
    de consommer ;
La liberté d'acquérir,
   de posséder,
    de vendre,
     de prêter,
      de donner,
       de contracter ;
La liberté de résider,
   de circuler ;

La liberté de payer ou de ne pas payer l'impôt transformé en prime d'assurance générale et spéciale proportionnelle à la valeur et au risque.

Toute restriction mise par le *pouvoir indivis* à l'exercice d'une des attributions ci-dessus, dont la réunion forme la plénitude du *pouvoir individuel*, est un empiètement ou un acte de tutelle qui ne se justifie· et ne peut se justifier qu'en démontrant que cet acte concerne un mineur ou un interdit.

M. le comte de Montalembert comprend la liberté sous le régime légal comme les feudataires comprenaient la propriété sous le régime féodal, et il s'étonne que la multitude, au dix-neuvième siècle, soit aussi indifférente à la question de liberté qu'elle pouvait l'être, au neuvième siècle, à la question de propriété.

Lorsque, en France, le peuple aura le même intérèt à l'intégrité de l'une qu'à la division de l'autre, il ne permettra pas plus qu'on supprime la liberté qu'il ne permettrait qu'on rétablît les fiefs. Que M. le comte de Montalembert se rassure donc à cet égard! Mais l'inquiétude qu'il exprime n'est qu'une forme de rhétorique, car, dans ce même livre où il déclare la liberté à jamais ensevelie dans le sépulcre du suffrage universel(1), il en annonce en ces termes la restauration:

« A l'heure qu'il est, la France a peut-être encore plus de liberté qu'elle n'en veut; elle irait jusqu'à supporter l'oppression. Cette oppression n'existe pas et ne saurait exister, car on n'opprime que ce qui vit. A l'heure qu'il est, rien n'est gêné, car rien ne se meut; rien n'est comprimé, car rien ne résiste. Tout dort, tout se repose, tout se renouvelle peut-être. Mais quand l'heure du réveil sonnera, quand cette France aura goûté dix, vingt années de repos, de calme, de prospérité, de sécurité complète; quand elle sera tentée de se dire qu'elle s'ennuie; quand elle sentira le besoin de respirer, de voir, de parler, de juger, de critiquer, qui n'a jamais pu être extirpé de ce pays, pas plus sous l'ancien régime que sous Napoléon, c'est alors qu'il faudra bien donner quelque essor à cet instinct impérieux, à cette force latente, mais irrésistible... La liberté reparaîtra donc avec ses chances, ses luttes, ses sacrifices, et, avec elle, le mérite. Oui, je n'hésite pas à le dire, malgré le démenti que semblent me donner les circonstances où nous sommes, les hommes et les choses qui nous entourent : la liberté ne sera point étouffée; je n'ai pas peur pour elle. La cause de l'absolutisme est une cause perdue.

» Le gouvernement d'un homme qui prétend agir pour tous, parler pour tous, penser pour tous, voilà l'idéal du paganisme, tel qu'il a été réalisé sous l'empire romain.

» En fait de paganisme, je n'en connais pas de plus révoltant, de plus enraciné, de plus dangereux, que le paganisme politique, qui érige en dogmes l'unité du pouvoir, l'omnipotence de l'Etat, l'idolâtrie monarchique, le gouvernement sans contrôle et sans contrepoids, sur les

(1) Le suffrage universel peut être regardé comme le plus grand danger de la liberté. C'est un mécanisme par lequel la foule, maîtresse pour un jour, peut se rendre esclave pour des siècles, et rendre tout esclave comme elle. —DES INTÉRÊTS CATHOLIQUES AU XIXe SIÈCLE, par M. le comte de Montalembert.

ruines des franchises et des barrières que l'ancienne organisation opposait au despotisme.

» La liberté politique, dont le seul but légitime est de
garantir la liberté civile et morale, n'est qu'une réaction,
souvent juste dans la forme, mais profondément légitime
au fond, contre l'exagération triomphante de la doctrine
du pouvoir.

» La liberté est une des forces vitales de l'humanité ;
elle existe toujours et partout, à l'état de regret ou d'es-
pérance, là où elle n'est pas en réalité. »

Je reprends et je dis : qu'importe au peuple, qu'importe à la multitude, qu'importe à la démocratie que
quelques orateurs n'aient plus de tribune où ils puissent briller ; que quelques journalistes n'aient plus de
journaux où ils puissent régner, le peuple ne se com-
pose ni d'orateurs ni de journalistes ; pour lui, la liberté de la tribune et la liberté de la presse n'étaient
ni des garanties ni des biens ; mais que le peuple ait,
en Espagne et en France, comme il les a aux États-
Unis, la liberté de se réunir, la liberté de s'associer, la
liberté de travailler, la liberté d'échanger, la liberté
de contracter ; que ces libertés aient le temps d'y
pousser des racines et d'y porter des fruits, qu'elles
aient le temps d'y multiplier, sous toutes les formes,
les institutions de crédit, d'y développer tous les
moyens d'échange et de circulation, d'y accroître
toutes les facultés d'épargne et de consommation, d'y
rendre le travail de plus en plus abondant et de moins
en moins pénible, d'y élever le taux des salaires sans
y élever le prix de revient des objets de consommation et d'échange, et M. de Montalembert verra si le
peuple, en pleine possession de ces libertés, s'en laisse
ensuite dépouiller !

Espagnols ! ne l'oubliez pas, la première de toutes
les libertés, la liberté génératrice, c'est la liberté de
réunion, sans celle-ci, toutes les autres libertés, libertés générées, ne sont qu'un faisceau sans lien.

La liberté est indivisible, imprescriptible et inalié-
nable.

Quel est le progrès qui se fût accompli en Angle-

terre sans l'exercice de la liberté de réunion! A qui
le peuple anglais est-il redevable de l'augmentation
indirecte de salaire et de l'augmentation directe de
bien-être qui ont été la conséquence d'une liberté
d'échanges plus grande? Est-ce à la liberté de la presse
périodique? Est-ce à la liberté de la tribune parlementaire? Non; c'est à la liberté de réunion; c'est aux
nombreux *meetings* provoqués, organisés, présidés
par Richard Cobden, précurseur de Robert Peel.
Aussi, pensé-je du droit de réunion exactement ce
qu'en pense l'auteur des *Idées napoléoniennes;* je
pense que c'est le fondement de toutes les autres libertés. Sans la liberté de réunion, sans l'agitation
contre le monopole des eaux, à la tête de laquelle se
mit, en 1839, sir Francis Burdett, les habitants de
la ville de Londres n'auraient pas conquis la liberté
de boire de l'eau claire et saine; ils ne boiraient encore que l'eau sale et malsaine que leur vendaient, en
la pesant au poids de l'or, les compagnies privilé-
giées de la Nouvelle rivière, d'Hampstead, de Chel-
sea, de Southwark et de Lambeth (1).

Sans la liberté de réunion, comment obtenir la suppression de toutes les taxes et de toutes les barrières
qui font obstacle à la liberté de consommation, et

(1) Les détails suivants sont extraits d'un article traduit du *Times*
publié dans la *Revue britannique*, et intitulé : **LE SERVICE DES
EAUX A LONDRES :**

« Il fut prouvé, entre autres choses, dans un rapport publié
en 1843, que la plupart des sources urbaines étaient viciées par
l'infiltration des matières putréfiées provenant de ces nombreux ci-
metières, dont l'existence est une honte pour une ville comme Londres. Ces révélations n'en rendent que plus odieux le monopole des
marchands d'eau.

» Pendant longtemps la presse ne nous entretint que de malheureux, en proie à la maladie, se pressant autour d'avares robinets
d'où l'eau suintait goutte à goutte, et se disputant avec acharne-
ment ces quelques gouttes; des centaines de ruelles et de cours in-
fectes, entièrement privées d'eau par les compagnies, qui préféraient
poser des triples et quadruples lignes de tuyaux dans des quartiers
plus riches; de pauvres gens contraints de payer et de boire des

nuisent conséquemment à l'abondance du travail ! La liberté est à la politique et à l'administration ce que la concurrence est à l'industrie et au commerce. Or, de même qu'il ne s'opère pas de progrès en industrie sans concurrence, il ne s'opère pas de réformes en politique sans liberté. Concurrence et liberté sont deux termes différents, mais exprimant un effet qui est le même, et qui consiste à placer l'abus qui résiste sous l'énergique pression d'une nécessité irrésistible. La concurrence est l'exercice *du droit du plus fort, industriellement et commercialement.* La liberté est l'exercice du *droit du plus fort, immatériellement et individuellement.* L'autorité est l'exercice du *droit du plus fort, matériellement et nationalement.* Repousser les réformes, c'est appeler les révolutions ; qui ne veut pas de révolutions, qui les hait plus encore qu'il ne hait les réformes, doit donc vouloir la liberté. Il faut choisir entre le droit d'excommunication des papes déposant les rois, comme au temps de Robert et de Philippe-Auguste, de Grégoire V et d'Innocent III, le droit d'insurrection des peuples, comme en 1830 et 1848, renversant les dynasties, et le droit de réunion des contribuables supprimant les abus, comme en Angleterre et aux États-Unis. Lequel de ces trois droits, je le demande, offre le moins de périls et satisfait le plus la raison ! Si, au lieu de s'opposer à l'exercice du droit de réunion, unanimement reconnu après 1830, les conseillers de

eaux fétides ; d'autres n'ayant pas la ressource d'une pompe, et obligés de quêter, une cruche à la main, un peu d'eau de porte en porte ; d'autres, enfin, qui manquaient entièrement d'eau pour leurs ablutions. »

Le rédacteur de la *Revue britannique* ajoute :

« La mortalité occasionnée par le choléra, en 1846, a été de 10, 17 et 23 sur 10,000 habitants dans les quartiers desservis par les compagnies qui tirent principalement leur eau de la Tamise, en amont de Londres, à la hauteur d'Hammersmeth et de Kew. Elle a été de 131, 156 et 263 dans les quartiers dont l'eau est prise également dans la Tamise, mais dans la ville même, à la hauteur de Battersea et d'Hungeford-Bridge. »

S. M. le roi Louis-Philippe l'eussent laissé se régler de lui-même par l'usage, croit-on que la révolution de Février eût eu lieu ! Il n'y a point d'effet sans cause. Peut-être M. Guizot ne fût-il point immuablement resté premier ministre d'octobre 1840 à février 1848 ; mais la royauté de 1830 subsisterait encore. S'il pouvait y avoir du feu sans fumée, on verrait dans quelle immense proportion s'accroîtraient les incendies ! Si le gaz n'exhalait par les fuites aucune odeur, on verrait de combien s'augmenterait le nombre des explosions ! La liberté de réunion est au risque de révolution ce que les soupapes de sûreté des machines à feu sont au risque d'explosion. C'est là une vérité que tous les gouvernements n'ont pas encore comprise, mais que tôt ou tard ils finiront par comprendre tous. Croit-on que sans la liberté de réunion, telle qu'elle s'exerce en Angleterre, l'influence de lord Aberdeen et de la Russie ne l'eût pas emporté dans les conseils de la couronne sur l'influence de lord Palmerston et de la France !

Où la liberté de réunion est entrée dans les mœurs et les habitudes d'un peuple, l'a-t-on jamais vue, même en Irlande, dégénérer en révolution ! — Non. Mais sans la liberté de réunion, qu'est-ce que la liberté de la presse, si entière qu'on suppose celle-ci ! — C'est un levier sans point d'appui. En effet, il ne suffit pas d'émettre dans un journal ou dans un livre une idée juste, une idée utile, une idée féconde ; il ne suffit pas même d'y revenir souvent : l'expérience l'atteste ; il faut aux adhérents de cette idée un moyen de se compter et de se faire compter. Ce n'est qu'ainsi qu'une idée prend de la consistance et parvient à triompher de l'idée qu'elle déplace, de l'abus qu'elle détruit, de la paresse qu'elle trouble, de l'intérêt qu'elle blesse. Donnez-moi un point d'appui et je soulèverai le monde, disait Archimède ; sans point d'appui, sans liberté de réunion, comment la liberté de la presse pourrait-elle soulever le vieux monde et le tirer de l'ornière ! Sans la liberté de réunion, la liberté de la presse n'est qu'un tourbillon d'idées ne servant qu'à aveugler. On a cru longtemps que les journalistes pouvaient tout ; ils ne peuvent rien. Ils font, au dix-neuvième siècle, ce que faisaient dans l'antiquité les filles de Danaüs précipitées dans le Tartare. Ils remplissent sans fin un tonneau sans fond. Ils font ce que feraient des meuniers qui useraient leurs meules à moudre toujours sans qu'on leur achetât jamais leur farine. Les journalistes broient et réduisent en poussière des idées que le vent de l'oubli emporte et disperse. La liberté de réunion est à la liberté de la presse ce que la boulangerie est à la meunerie. Sans boulangers, à quoi bon les meuniers? Si ce n'est point pour faire du pain, pourquoi moudre du blé?

La démocratie est donc parfaitement sensée, parfaitement judicieuse, lorsqu'elle reste indifférente, n'en déplaise à M. le comte de Montalembert, aux restrictions plus ou moins étroites qui ont été mises à ses discours et à mes articles.

De Juillet 1830 à Février 1848, qu'ont produit, sous ces deux formes, ses avertissements et les miens? — Rien.

Ce n'est donc pas une liberté qui vaille qu'on en porte le deuil, encore moins qu'on se fasse tuer pour elle derrière les barricades, à Barcelone, à Madrid ou à Saragosse.

Si j'ai tort, le général don Baldomero Espartero, duc de la Victoire, a dans les mains tous les moyens de me confondre : il n'a qu'à ne pas verser dans l'ornière creusée en 1848 par M. le général Cavaignac.

Discussion entre le SIÈCLE et la PRESSE.

Les nouvelles que le *Siècle* reçoit d'Espagne l'affligent profondément. Il s'effraye des hésitations qui se prolongent, et il adjure les hommes d'État investis de sa confiance et de la confiance du peuple espagnol de prendre de *promptes résolutions.*

— Mais lesquelles ! C'est ce que le *Siècle* ne dit pas ; c'est ce que nous eussions dit, si nous avions pu poursuivre et compléter la série d'articles dont nous avons commencé la publication sous ce titre : L'ORNIÈRE DES RÉVOLUTIONS.

La révolution d'Espagne a commencé comme commencent toutes les révolutions : elle a commencé par des ministres fuyards, se cachant ignominieusement comme des malfaiteurs, au lieu de se rendre honorablement comme des vaincus, au lieu de se constituer bravement d'eux-mêmes prisonniers d'État, d'accepter hautement la responsabilité de leurs actes sous l'unique condition de pouvoir, avant le jugement, se disculper publiquement, solennellement, si, en effet, les motifs de ces actes étaient fondés, ou si, du moins, les intentions étaient pures ! Pourquoi donc des ministres qui ont fait couler le sang se croiraient-ils légitimement dispensés de ce vulgaire courage qu'ils sont les premiers à exiger de l'officier et du soldat ! Après la défaite, le soldat et l'officier se rendent, mais ils ne fuient pas. Si vous n'avez même pas le courage du pauvre et obscur soldat, ne soyez pas ministre. Il n'y a nulle part de loi de recrutement qui oblige à servir comme ministre. La révolution d'Espagne a commencé comme commencent toutes les révolutions : elle a commencé par de prétendus patriotes et de faux puritains ne pensant qu'à eux et à leur avancement, se ruant sur les places, les traitements, les grades, les titres, les décorations, et ne pensant nullement au peuple et au pays. Or, toute révolution qui a triomphé n'échappe aux excès que par les réformes.

Dans ces jours suprêmes, une minute perdue est un retard irréparable, car il rend les exigences plus impérieuses et les réformes plus difficiles. Or, les réformes ne sont faciles qu'à la condition d'être promptes et décisives. Mais encore faut-il les connaître, faut-il les avoir étudiées, faut-il les avoir mûries, faut-il en savoir les moyens d'exécution. Eh bien ! qui s'y prépare, même parmi ceux qui, de loin, voient venir la révolution ! L'erreur commune est de croire que les révolutions sont des solutions ; qu'il suffit qu'elles réussissent pour tout résoudre, tout trancher, tout dénouer. Aussi ont-elles mérité qu'on leur infligeât le nom de *catastrophes*. Suffit-il donc qu'une mesure s'écroule pour que de ses ruines sorte, comme par enchantement, une construction nouvelle ?

Lorsqu'on aura convoqué et réuni à Madrid des cortès constituantes, qu'aura-t-on fait ! Est-ce qu'en France l'Assemblée constituante, élue le 20 avril 1848, réunie le 4 mai, a empêché, dans la même année, les journées du 15 mai et des 23, 24 et 25 juin ! Combien de temps a vécu la Constitution de 1848 ! Quels droits a-t-elle garantis ? Quelles libertés a-t-elle préservées ? L'Espagne menace de glisser sur la même pente : qui l'arrêtera ?

Il y avait un moyen de sauver la reine-mère, et conséquemment la reine sa fille, c'était de frapper un coup d'État économique si grand, qu'il fît oublier au peuple le nom de la reine Christine ; c'était de penser à lui afin qu'il ne pensât pas à elle. Or, c'est ce qu'on n'a pas fait, c'est ce qu'on n'a pas su faire. Aussi le *Siècle* doit-il s'armer de résignation, car la source de ses afflictions n'est pas près de tarir.

Le *Siècle* demande à la *Presse* ce qui l'a empêchée de donner suite au travail qu'elle avait entrepris sous ce titre : L'ORNIÈRE DES RÉVOLUTIONS. La *Presse* répond au *Siècle* : C'est ce qui vous a empêché de publier, au risque d'un avertissement, la lettre de Daniele Manin, c'est ce qui arrêtera la *Presse* en toutes circonstances où, d'un côté, il y aura les salaires des trois cents travailleurs qu'elle emploie, et, de l'autre côté, seulement quelques pages de son rédacteur en chef; c'est ce qui ne l'arrêtera pas le jour où il s'agira non plus d'appréciations d'une utilité contestée, mais de l'accomplissement de ce qu'elle considérera comme un devoir incontestable.

Après cette réponse sommaire, la *Presse* répétera ce qu'après sa question le *Siècle* dit si bien quand il dit : « Ne nous arrêtons pas à des bagatelles et allons « au fait. »

Soit ! Eh bien ! où allez-vous?

Voici ce que le *Siècle* appelle ne pas s'arrêter à des bagatelles et aller au fait :

« Nous voulons un résultat positif.

» Nous avons dit qu'il fallait prendre de promptes résolutions.

» Précisons-en le sens, car nous n'avons pas l'honneur d'être les ministres de la révolution espagnole, et l'on n'exigera pas de nous que nous entrions dans le détail des mesures que nous allons recommander.

» A bien considérer l'état de l'Espagne, il est évident que ce pays n'est pas mûr pour la forme républicaine. Il a montré, par l'énergie d'une résistance de plusieurs années, qu'il était également éloigné du despotisme. Il vient de le prouver encore.

» Dans ces circonstances, qu'y a-t-il à faire?

» Empêcher l'anarchie, qui se manifeste sur différents points, de se développer et de prendre des proportions qui pourraient effrayer les bons citoyens et donner ainsi des armes à la réaction !

» Comment empêcher cette anarchie de se développer?

» En prenant grandement, hautement, solennellement, partout, sans arrière-pensée, le parti du régime constitutionnel, c'est-à-dire en empêchant que la révolution espagnole dépasse le but ou retourne sur ses pas.

» La *Presse* pense que, quand on aura convoqué et réuni à Madrid les cortès, on n'aura rien fait. Il est bien malheureux que la *Presse* ne soit pas plus explicite. Car si elle ne veut point du pouvoir régulier des cortès, elle veut sans doute d'un autre pouvoir. Pense-t-elle qu'une dictature en Espagne ferait mieux que les pouvoirs régulièrement constitués ?

» Que la *Presse* fasse l'histoire des dictatures, et qu'elle nous dise ensuite si elles ont produit plus que les pouvoirs réguliers.

» Parce que les pouvoirs sortent de la loi, ce n'est pas une raison pour les peuples de sortir du droit. Faire par la dictature et sans le concours des cortès un coup d'Etat économique, coup d'Etat sur lequel on ne s'explique pas, ne pourrait être vraiment qu'un expédient avec les suites duquel il faudrait ensuite se débattre. Cet expédient donnerait peut-être satisfaction à des nécessités du moment. Il ne sauverait rien pour l'avenir, quelle que fût sa portée actuelle.

» Nous croyons donc que ce qu'il y a de mieux à faire pour le moment, même en Espagne, c'est de réunir le plus tôt possible le pouvoir législatif, et, les cortès étant réunies, d'obtenir d'elles la confirmation d'un régime constitutionnel en harmonie avec les mœurs, avec le passé et avec les progrès de l'Espagne.

» Jusque-là, les ministres de la révolution espagnole ont à empêcher cette révolution d'être faussée par un fait ou par un autre. Ils doivent arrêter court l'anarchie en déclarant leur ferme volonté de maintenir jusqu'aux cortès le trône constitutionnel...

» A ce prix, ils sauveront l'Espagne, à ce que nous pensons du moins. Si l'avenir trahissait leur courage, ils auraient la conscience d'avoir été fidèles à leur mandat.

» La révolution espagnole s'est faite pour la constitution; il faut qu'elle soit maintenue dans les limites de cette constitution. — L. HAVIN. »

La *Presse* reprend et dit au *Siècle* :

Si les Espagnols ont fait, comme vous le prétendez, une révolution pour rester dans les limites de leur constitution, pourquoi donc en sortent-ils? Pourquoi donc n'y restent-ils pas? Pourquoi donc ne se bornent-ils pas à convoquer le sénat et la chambre des députés, lesquels étaient suspects, plus que suspects; lesquels étaient hostiles au ministère Sartorius et à ses prédécesseurs? Pourquoi réunir, le 8 novembre, des cortès constituantes? Que feront-elles de plus et de mieux, dans deux mois, que des cortès non constituantes, délibérant sous la pression des événements qui viennent de s'accomplir?

C'est trop ou trop peu.

C'est faire les choses à demi.

C'est sortir d'une constitution pour rentrer dans une autre qui ne vaudra pas mieux et qui ne durera pas plus longtemps que l'ancienne. Pourquoi une constitution nouvelle? À quelle fin? Dans quel but? Que mettra-t-on de plus dans la constitution nouvelle que ce qui se trouve dans la constitution actuelle? Dans cette constitution, il est dit, art. 2 : «Tout Espagnol » a le droit d'exprimer et de publier librement ses » idées, sans aucune censure préalable, en se soumet- » tant aux lois établies. » Art. 7 : « Aucun Espagnol » ne peut être arrêté, ni détenu, ni éloigné de son » domicile, ni exproprié, si ce n'est dans les cas et » dans les formes déterminées par la loi, etc., etc. » Qu'est-ce qui empêchait le nouveau ministère, présidé par don Baldomero Espartero, de proposer immédiatement toutes les réformes financières et économiques de nature à alléger les charges qui pèsent sur le peuple, et à resserrer ainsi les liens entre celui-ci et la nouvelle administration? Ou de grandes réformes sont possibles ou elles ne le sont pas; si elles sont possibles, que gagnera-t-on à les ajourner? Si elles ne sont pas possibles, que gagnera-t-on à convaincre d'impuissance les cortès constituantes? Dans l'un comme dans l'autre cas, leur convocation est une faute dont l'expérience se chargera de montrer toute la gravité.

Le *Siècle*, en même temps qu'il déclare qu'il ne veut pas de dictature, insinue que la *Presse* en veut une; mais qu'est-ce donc qu'une assemblée constituante et omnipotente, si ce n'est une dictature collective? Ainsi posée, la question entre le *Siècle* et la *Presse* se réduirait à celle de savoir si la dictature collective vaut plus ou moins que la dictature individuelle, si le pouvoir d'un seul a plus de périls ou en a moins que le pouvoir d'une assemblée. Mais la *Presse* n'admet pas la question ainsi posée ; elle ne veut de dictature ni sous une forme ni sous une autre, ni sous la forme individuelle ni sous la forme collective ; elle veut la liberté pour tous, sans en excepter l'État : elle veut que l'être impersonnel qui porte ce nom : l'État, ait l'entière liberté de se mouvoir en tous sens dans son orbite; elle veut qu'il ait le pouvoir de faire tout ce qu'il a le droit et le devoir de faire

La *Presse* comprend l'État comme Spinosa l'a défini en ces termes :

« L'État n'a pas pour fin de transformer les hommes » d'êtres raisonnables en animaux, mais bien de faire » en sorte que les citoyens développent ensemble leur » corps et leur esprit, fassent librement usage de » leur raison, ne rivalisent point entre eux de haine, » de fureur, de ruse, et ne se considèrent point d'un » œil jaloux et injuste. La fin de l'État, c'est donc » véritablement la liberté. »

La *Presse* n'admet pas que l'État doive être la tutelle publique de la raison individuelle; mais la *Presse* admet que l'État soit la gestion publique de tout ce qui est essentiellement public, c'est-à-dire de tout ce qui est nécessairement indivisible, conséquemment indivis.

Restituer à la raison individuelle tout ce que lui a pris ou retenu une tutelle abusive, serait-ce donc là s'emparer de la dictature, et l'œuvre serait-elle si dif.

ficile qu'un seul ne pût l'accomplir sans le concours d'une assemblée constituante?

Telle est la question que la *Presse*, à son tour, pose au *Siècle*.

Le *Siècle* adresse à la *Presse* cette interpellation :

« La *Presse* aurait voulu que l'on frappât un grand coup d'Etat économique en faveur du peuple espagnol. *Lequel ?* — M. de Girardin aura de la peine à faire croire que s'il eût bien médité sur ce coup d'Etat économique, il n'aurait pas pu en énoncer tout de suite au moins la pensée générale. — L. HAVIN. »

L'interpellation et l'accusation du *Siècle* sont la preuve qu'il ne lit pas ceux qu'il contredit, car la pensée générale qu'il nous reproche de n'avoir pas énoncée est consignée en termes précis dans le premier article intitulé : l'ORNIÈRE DES RÉVOLUTIONS, que la *Presse* a publié le 4 août, et qui a été l'objet, à Madrid, d'une controverse animée et de beaucoup de commentaires, selon que le rapporte la dernière lettre de notre correspondant de Madrid.

C'était dans cet article que nous disions :

« Est-ce qu'on ne sortira donc jamais de l'ornière des révolutions ?

» Mais comment en sortir ?

» En restituant sans retard et sans hésitation au *pouvoir individuel*, c'est-à-dire à la liberté, tout ce que le *pouvoir indivis*, c'est-à-dire l'Etat, lui a pris indûment;

» En abolissant l'armée et en ne laissant plus subsister que la force publique nécessaire pour protéger la faiblesse individuelle contre toute agression, au même titre qu'il existe un corps de pompiers pour protéger les personnes et les propriétés en cas d'incendie;

» En transformant l'impôt en prime générale et spéciale d'assurance proportionnelle à la valeur et au risque: ceux qui ont beaucoup payant beaucoup: ceux qui ont peu payant peu; ceux qui n'ont rien ne payant rien, ni directement, ni indirectement;

» En réformant le budget et le divisant ainsi : *la dette* ou le passé, *l'impôt* ou le présent, *l'emprunt* ou l'avenir, division fondamentale qui facilite toutes les économies et tous les progrès ;

» En proclamant et effectuant l'indépendance réciproque de l'Eglise et de l'Etat : tout fidèle rétribuant directement son culte et son prêtre ;

» En constituant la Commune, et en lui laissant, dans le cercle de ses attributions parfaitement définies, une liberté d'action égale à celle de l'Etat se mouvant dans son orbite ;

» En consacrant à l'instruction et à la circulation, sans lesquelles il n'y a ni civilisation populaire ni richesse nationale, tous les fonds trop longtemps détournés de ce double emploi pour servir à solder des armées ruineuses et salarier des fonctions inutiles. »

Le *Siècle* penserait-il donc que ce ne serait rien en Espagne, que d'abolir l'armée, de transformer le budget et de consacrer à l'instruction populaire si négligée et à la circulation nationale si arriérée, tous les fonds trop longtemps absorbés par la solde d'armées inutiles et par le salaire de fonctions nuisibles!

L'armée de terre figure au budget de 1853 pour la somme de 278,646,284 réaux (1).

L'intérêt de la dette figure au même budget pour la somme de 213,271,423 réaux.

Comment payera-t-on la dette si on ne réduit pas l'armée! Et si l'Espagne ne paye pas exactement les intérêts de sa dette, comment fondera-t-elle le crédit, dont elle a si impérieusement besoin pour créer et multiplier les voies de communication et de transport sans lesquelles toutes les richesses que renferme son sol resteront encore longtemps enfouies, lorsque l'Espagne pourrait tirer de l'exploitation de ses mines de mercure, de cobalt, d'étain, de plomb, de fer, de la vente de ses blés et de ses laines, tant de moyens de travail, d'échange et de bien-être ?

A quoi lui sert une armée! Qui songe à attaquer l'Espagne! S'il ne s'agit que de maintenir l'ordre et

(1) Le réal vaut 27 centimes.

de protéger les voyageurs, est-ce que de bonnes routes et une bonne organisation d'un corps de gendarmerie pareil à la gendarmerie française ne vaudraient pas mieux et ne coûteraient pas moins que l'entretien de cette armée, qui prélève sur le budget 278 millions de réaux, ou plus de 70 millions de francs ?

Et si l'on ne réduit aucune des dépenses du budget, comment allégera-t-on les charges sous le poids desquelles le contribuable fléchit en Espagne ? Et si l'on ne commence point par la dépense la plus lourde et la plus stérile, par laquelle commencera-t-on ?

Le contribuable paye l'impôt *de consumos* (droit de consommation), qui se perçoit sur le vin, l'eau-de-vie, les liqueurs, le cidre, la bière, l'huile d'olive, la viande, le bétail, le chocolat, le savon, le vinaigre et la glace ; le contribuable paye l'octroi ; le contribuable paye tous les droits que prélève la douane ; le contribuable paye le sel et le tabac le prix qu'il plaît au monopole de les lui vendre ; croit-on que si toutes ces taxes de consommation, d'une perception coûteuse, étaient abolies et remplacées par une prime d'assurance générale et spéciale proportionnelle à la valeur et au risque des objets déclarés, le peuple espagnol ne préférerait pas de beaucoup cette réforme économique à tous les vains débats d'une constitution nouvelle qui ne sera ni moins stérile ni plus respectée que toutes les constitutions anciennes ? Lorsqu'il comptera une constitution de plus, que payera-t-il de moins ?

S'il ne paye rien de moins, quelle raison aura-t-il de tenir plus aux pouvoirs nouveaux qu'aux pouvoirs déchus ? Qu'a-t-il gagné à ce que la couronne de Ferdinand VII passât sur la tête de Marie-Christine au lieu de passer sur la tête de don Carlos ? Que gagnera-t-il au retour d'Espartero et au départ de Sartorius ? S'il n'y gagne rien, quel sera son terme de comparaison ? Il lui en faut absolument un.

Le budget espagnol pour 1853 s'est élevé à
1,209,708,742 réaux.

Liste civile et apanages..	47,350,000
Corps législatif.........	1,331,085
Intérêts de la dette......	213,270,423
Présidence du conseil.,..	1,087,860
Affaires étrangères	3,919,043
Grâce et justice.........	309,001,235
Guerre	278,046,281
Marine.................	85,165,000
Intérieur	43,087,940
Police.................	72,000,000
Finances	142,270,390
Pensions	143,460,586
Culte	119,050,508
Extraordinaire.........	18,587,788
Total.....	1,209,708,742

Est-ce que ce budget des dépenses, dans lequel on
remarquera que l'instruction publique ne figure même
pas pour un réal, ne pourrait pas être considérable-
ment réduit?

Est-ce que la plupart de ces dépenses se justifient par
leur nécessité manifeste, par leur utilité démontrée?

Est-ce que tout l'argent que l'Etat perçoit sous
la forme d'impôt, sans l'employer en travaux publics
de circulation et de navigation, n'a point pour effet
d'appauvrir le pays au lieu de l'enrichir, de le démo-
raliser au lieu de le moraliser? Est-ce qu'il y a rien
de plus utile et de plus urgent à faire en Espagne
que des routes, encore des routes et toujours des
routes?

— Sans doute, répondra le *Siècle;* mais comment?

La *Presse* répond au *Siècle* :

— Premièrement, avec tout l'argent qu'on peut
épargner sur les dépenses inutiles, impitoyablement
supprimées;

Deuxièmement, avec tout l'argent qu'on peut éco-
nomiser par la transformation de l'impôt multiple en
impôt unique;

Troisièmement, avec tout l'argent qu'on pourra sûrement demander à l'Emprunt, et qu'il donnera amplement à de très bonnes conditions, dès que l'Impôt n'aura plus à traîner le poids de la Dette, dès que la Dette, qui représente le Passé, comme l'Impôt représente le Présent, et comme l'Emprunt représente l'Avenir, s'éteindra d'elle-même par le mode d'amortissement qui lui est propre, le seul qui soit juste, le seul qui soit naturel, le seul qui soit efficace.

Libérer le Passé en le déchargeant de sa dette, alléger le Présent en réduisant l'impôt, escompter l'Avenir en donnant à l'emprunt des bases et des garanties nouvelles qui en augmentent la puissance et en diminuent le poids, ne serait-ce donc pas là des mesures qui, par leur importance, mériteraient le nom que la *Presse* leur a donné de coup d'Etat économique; et si le succès en était mathématiquement certain, serait-il douteux qu'après avoir reçu l'acclamation du peuple, elles n'obtinssent la ratification des Cortès, constituantes ou non?

Si le *Siècle* a des objections, quelles sont-elles?

Le *Siècle* demande à la *Presse* de laisser à l'écart « des discussions théoriques qui pourraient seule- » ment enfanter des paradoxes. »

La *Presse* pourrait se contenter de répondre au *Siècle* par ces paroles du docteur Bouillaud :

« Si toute *théorie* qui se trouve en contradiction avec un *fait* bien observé est fausse, de même tout *fait* qui est en contradiction avec une *théorie* rigoureusement démontrée a été mal observé. »

Ou par ces mémorables paroles de Royer-Collard :

« Se vanter de n'avoir pas de principes, c'est se vanter de ne pas savoir ce qu'on dit quand on parle, ni ce qu'on fait quand on agit. »

Mais la *Presse*, prenant dans sa vulgaire et mauvaise acception le mot *théories*, demandera au *Siècle* de vouloir bien lui dire dans lequel des bureaux de ces deux journaux elles logent.

Est-ce dans le bureau de la *Presse*, dont toute la politique se réduit à ce seul mot : RESTITUTION, et n'est-ce pas plutôt dans le bureau du *Siècle*, dont les rédacteurs se signent encore superstitieusement toutes les fois qu'ils entendent prononcer le mot CONSTITUTION ?

Si les constitutions avaient la valeur que leur attribue l'idolâtrie du *Siècle*, quel pays serait plus heureux et plus libre que l'Espagne, car est-il un pays qui en ait changé plus souvent ? Il n'y avait pas huit années qu'existait la constitution du 17 juin 1837, signée Marie-Christine, régente, contresignée Jose-Maria Calatrava, Pio Pita, Jose Landero, Mendizabal, d'Almodovar, lorsque fut proclamée, le 25 mai, la constitution de 1845, signée Isabelle et contresignée Ramon-Maria Narvaez, Francisco Martinez de la Rosa, Luis Mayans, Francisco Armero, Alexandre Mon, Pedro-Jose Pidal. Qui garantit que la constitution prochaine de 1854 vaudra mieux et durera plus que la constitution de 1845 ou que la constitution de 1837 ?

Chacun sa foi : le *Siècle* a foi dans les constitutions écrites, qu'il nomme « choses pratiques. » Ce dont il ne veut pas, c'est « du pouvoir absolu et de la liberté illimitée ! » Il leur préfère le pouvoir tolérant et la liberté tolérée ! Chacun son goût, comme chacun sa foi.

La foi ne se commande pas ; c'est ce que constate une locution populaire. Or, nous l'avouons, nous n'avons pas foi dans les constitutions écrites ; nous n'avons foi que dans le Pouvoir et la Liberté, indépendants l'un de l'autre, et l'un et l'autre également absolus ; c'est-à-dire entiers : l'un viril, l'autre féconde.

Heureux ceux qui croient et ne voient pas! C'est un bonheur dont le *Siècle* jouit pleinement.

Mais, comme tous les bons dévots, si le *Siècle* a des scrupules, ces scrupules ne tardent pas à s'apaiser : hier, le *Siècle* n'admettait pas que le ministre Espartero pût légalement opérer, sans le concours des Cortès, aucune réforme qui méritât le nom de *coup d'Etat économique ;* mais aujourd'hui le *Siècle* est plus accommodant; il admet qu'Espartero aura « à » demander à la nation, représentée par les Cortès, « un bill d'indemnité pour tous les actes du gouver- » nement jusqu'à cette réunion solennelle. » Et il ajoute : « *Ce bill d'indemnité ne lui sera pas re-* » *fusé.* »

Soyez donc conséquent, ô mon honorable contradicteur et ancien collègue; puisque vous pensez et déclarez que les Cortès ne refuseront pas au cabinet Espartero le bill d'indemnité qu'il aura, dites-vous, à leur demander, eh bien! qu'il opère donc les réformes économiques sans l'accomplissement desquelles toute révolution nouvelle ne sera jamais que le prélude d'une autre révolution.

Les grandes réformes ne se discutent pas ; elles se font. Les grandes réformes qu'on discute ne se font pas.

Si l'article publié, le 4 août, par la *Presse* sur la révolution d'Espagne, a rencontré, à Madrid, des contradicteurs éminents, il n'y a pas rencontré d'objections sérieuses.

C'est une fin de non recevoir, mais ce n'est pas une objection sérieuse que de dire : « La guerre ci- » vile est une mauvaise institutrice pour les peuples. » N'est-ce donc pas à cette école que s'est faite l'éducation du peuple anglais ! Et d'ailleurs, si la guerre civile est une mauvaise institutrice, sur quoi se fon-

de-t-on pour ajouter : « Notre éducation politique va
« se faire, et elle se fera vite? » Est-ce que la guerre
civile n'est pas encore en Espagne? Est-ce que tous
les partis y ont disparu ou ont donné leur démission?
Est-ce qu'il y a rien de changé à la situation? Est-
ce que c'est la première fois qu'Espartero a le pouvoir
dans les mains?

C'est encore une fin de non-recevoir, mais ce n'est
pas non plus une objection sérieuse que de dire : « En
« Espagne, presque toutes les insurrections sont des
« insurrections militaires; il y a là un véritable péril
« qu'une force civile peut seule conjurer. » C'est
comme si l'on disait qu'il y a moins de chances d'incendie avec deux torches qu'avec une seule torche.
Qu'est-ce que la garde nationale? — C'est le contrepoids de l'armée. Or, vaut-il mieux conserver poids
et contrepoids que de les supprimer l'un et l'autre?
La question est aussi simple que cela. Comment donc
hésite-t-on? La suppression de l'armée a trois avantages : premièrement, elle met fin aux insurrections
militaires; deuxièmement, elle rend inutile la garde
nationale; troisièmement, elle allége le budget, et
devient naturellement ainsi un de ces « *moyens héroïques* » qu'on va chercher bien loin sans les trouver,
lorsqu'on les a sous la main. Don José-Manuel de
Collado cherche, nous écrit notre correspondant de
Madrid, des « moyens héroïques pour sauver la si-
« tuation. » Quel moyen plus héroïque et plus simple
trouvera-t-il? Qu'ont trouvé, en Espagne, MM. Mendizabal et Mon? Qu'ont trouvé, en France, après
1848, MM. Goudchaux et Garnier-Pagès? L'expérience est là pour attester que ce n'est pas en écor-
nant quelques traitements qu'on réforme les budgets,
et que ce n'est pas en ajoutant des centimes au prin-
cipal qu'on popularise les révolutions.

Les deux grosses dépenses qui écrasent tous les
budgets et appauvrissent tous les peuples, ce sont
l'*armée* et la *dette*. Qui ne commencera pas par là ne

finira rien. C'est ce que notre correspondant aurait
pu répondre à nos contradicteurs.

La question qui se débat entre le *Siècle* et la
Presse n'est point une vaine et inutile controverse;
c'est, en réalité, la question de savoir si, en tous pays,
toutes les révolutions seront toujours des avortements,
jamais des dénoûments; toujours des convulsions,
jamais des solutions; toujours des désastres aggra-
vant la misère, jamais des réformes apportant le bien-
être.

Le langage optimiste que tient le *Siècle*, en août
1854, est exactement le même qu'il tenait en août
1848; il n'y a qu'un nom de changé : le nom du général Cavaignac remplacé par le nom du général Espartero.

En 1854, comme en 1848, le *Siècle* subordonne la
question économique à la question politique, le fond
à la forme; en 1854, comme en 1848, la *Presse* subordonne la question politique à la question économique, la forme au fond.

En 1854, comme en 1848, en Espagne comme en
France, le *Siècle* tient à la conservation de l'armée.
Il dit :

« Voyez-vous les généraux qui viennent de faire la révolution avec l'armée, voyez-vous Espartero, O'Donnell,
Dulce, etc., procédant à l'abolition de cette révolution
par leur propre abolition !

Que la *Presse* y réfléchisse : ce qu'elle propose est-il
possibl, est-il praticable? Et d'ailleurs est-il bien vrai
que l'Espagne n'ait pas d'ennemis?

» L'affaire de Cuba est-elle terminée? La légitimité
espagnole a-t-elle désarmé? N'y a-t-il pas un parti qui
veut réunir l'Espagne et le Portugal sous le sceptre d'un
prince de la maison de Bragance? L'Europe tout entière
n'est-elle pas sous les armes ? — L. HAVIN. »

Le *Siècle* trouve-t-il donc plus juste que les juntes

procèdent à l'abolition de la révolution par leur propre abolition? Ce que font les juntes, pourquoi Espartero, O'Donnell, Dulce, ne le feraient-ils pas? Les juntes seraient-elles donc capables d'un désintéressement à la hauteur duquel ne saurait atteindre le désintéressement des trois généraux nommés?

Est-ce sérieusement que le *Siècle* représente le Portugal, ayant pour roi un prince de dix-sept ans, et pour premier ministre le maréchal Saldanha, comme pouvant envahir l'Espagne et réunir de force les deux couronnes? Est-ce sérieusement que le *Siècle* met en avant le nom de l'île de Cuba comme un argument contre l'abolition de l'armée? Le jour où il n'y aurait en Europe que l'Espagne pour s'opposer à l'annexion de Cuba, et où les États-Unis l'auraient résolue, est-ce que cette annexion ne serait pas un fait consommé?

S'il était vrai que le parti légitimiste n'eût pas désarmé en Espagne, le dernier coup à lui porter ne serait-il pas de rallier à la cause de la Révolution le peuple espagnol tout entier par l'abolition du recrutement obligatoire, cet impôt du temps et du sang payable et payé en nature, et par la suppression de toutes les taxes qui restreignent la consommation et grèvent le travail?

Que reste-t-il encore des objections du *Siècle* ?— Rien.

Le *Siècle*, en terminant, croit devoir déclarer que les réformes économiques, quelque importantes qu'elles puissent être, ne sont pas tout pour un peuple en révolution. A qui le dit-il?—Il le dit à la *Presse*, qui demande la séparation effective, rationnelle, absolue entre tout ce qui est essentiellement *individuel* et tout ce qui est nécessairement *indivisible*, au même titre que cette séparation existe entre ce qui constitue la *propriété privée* et la *voie publique*.

Le *Siècle* dit qu'il garde ses croyances; ce sont ses superstitions qu'il aurait dû dire.

Discussion entre l'ASSEMBLÉE NATIONALE et la PRESSE.

L'*Assemblée nationale* s'écrie avec amertume : « La Révolution est maîtresse de l'Espagne ! » Cette Révolution, qui l'a provoquée, qui l'a légitimée ! N'est-ce donc pas le gouvernement ! L'Espagne, ayant pour premier ministre le maréchal Narvaez, avait miraculeusement résisté, sans ébranlement, à la grande commotion de 1848, laquelle fit trembler presque tous les trônes d'Europe ; qui, sans motif avouable, reculant toutes les bornes de l'ingratitude, oubliant tous les services qu'au péril de sa vie le duc de Valence avait rendus aux deux reines, l'a renvoyé presque ignominieusement, non-seulement du ministère, mais encore d'Espagne, le chargeant de la mission dérisoire d'aller compulser des archives en Autriche ! Qui a tenté dix fois depuis deux ans de déchirer la constitution impudemment éludée ! Qui a menacé et frappé le sénat ! Qui a suspendu la liberté de la presse ! Qui a expulsé, exilé d'abord tous les écrivains indépendants et ensuite tous les généraux dévoués à l'honneur de leur pays ! Qui a écarté du pouvoir tous les hommes de quelque valeur pour leur préférer tous les fanfarons impuissants qu'on a vus s'y succéder, pour finir comme finissent tous les ministres de cette espèce : — par la fuite à l'heure suprême où il serait glorieux de se faire tuer à son poste ? N'est-ce pas ainsi que vient de finir l'ancien rédacteur en chef de l'*Heraldo*, devenu président du conseil ? Qui, enfin, a comblé la mesure de tous les scandales, de tous les abus, de tous les parjures, de toutes les ingratitudes, de toutes les provocations ? Si la révolution qui vient de s'accomplir en Espagne a tort et si le gouvernement a raison, que l'*Assemblée nationale* le prouve, et qu'elle nous dise donc quel autre moyen avaient les Espagnols de sortir de la situation dans laquelle ils étaient acculés ?

———

Lorsque des ministres présomptueux et impuissants, impitoyables et lâches, ont fait éclater la révolution qu'ils prétendaient prévenir, l'*Assemblée nationale* déclare que ce qu'ils ont de mieux à faire, ce n'est pas de se rendre honorablement comme des vaincus, mais de se cacher ignominieusement comme des malfaiteurs.

Voici sur quelles raisons, bonnes à connaître, se fonde l'*Assemblée nationale* :

« C'est, il faut l'avouer, une singulière prétention que de vouloir que des ministres renversés par l'insurrection *se rendent comme des vaincus.* C'est, nous le savons, le système du parti auquel appartient M. de Girardin de ne pas distinguer la guerre civile de la guerre internationale. Il y a cependant quelque différence entre l'une et l'autre. Des soldats vaincus ne sont que des vaincus, le digne objet de la générosité des vainqueurs ; des insurgés sont des criminels, et, après l'insurrection étouffée, ils appartiennent aux tribunaux.

» Ils ont assurément, malgré toutes les protestations contraires, l'instinct de cette vérité, et c'est par une sorte de représailles du juste châtiment qui les attendait que, vainqueurs, ils assassinent les hommes qui représentent, à quelque degré que ce soit, l'ordre détruit. On n'est jamais tenu de se rendre à des assassins. Cela ne serait point honorable, comme le dit M. de Girardin, car ce qui est insensé ou coupable ne peut pas l'être. Et il SERAIT INSENSÉ d'attendre quelque justice d'une populace enivrée par les passions révolutionnaires; COUPABLE d'aller se faire tuer sans profit pour le salut de la société. — A. DE SAINT-ALBIN. »

Lorsqu'on lit ces lignes, écrites peut-être par l'ancien président du dernier conseil des ministres de la dynastie de 1830, on en croit à peine ses yeux !

Ah ! lorsqu'on est ministre et qu'on signe les ordonnances du 25 juillet 1830, on serait COUPABLE et il serait INSENSÉ d'aller se faire tuer pour le triomphe de ce qu'on a proclamé le salut de la société !

Ah ! lorsqu'on est ministre et qu'on interdit, après dix-huit années de règne, le 22 février 1848, l'exercice d'une liberté qu'on considère comme incompatible avec le maintien de l'ordre, on serait COUPABLE et il serait INSENSÉ d'aller se faire tuer pour donner la mesure de la fermeté de ses convictions ! Il serait INSENSÉ et COUPABLE de se faire tuer ; mais il n'est ni COUPABLE ni INSENSÉ de faire tuer des soldats, enlevés par la loi du recrutement au libre exercice de leurs professions paisibles !

Ah ! lorsqu'on est ministre, lorsqu'on s'appelle Sartorius, comte de San-Luis, et qu'on porte une main téméraire non-seulement sur tous les écrivains indépendants, mais encore jusque sur les membres les plus éminents d'assemblées déclarées inviolables par la Constitution, il serait COUPABLE, il serait INSENSÉ d'aller se faire tuer pour empêcher le pouvoir tombé dans le sang de tomber dans la boue; mais il n'est ni INSENSÉ ni COUPABLE d'avoir entrepris une tâche sans proportion ni avec ses forces ni avec son courage, et d'avoir fait couler dans l'abîme une reine et un peuple !

En quelles circonstances plus graves un homme devra-t-il donc exposer sa vie ! Conserver sa vie, est-ce donc tout ? Conserver l'honneur, n'est-ce donc rien ?

Mais s'il est INSENSÉ et COUPABLE d'aller se faire tuer après qu'on a ainsi tout compromis, et alors que l'unique moyen de racheter sa présomption serait de l'expier, comment qualifierez-vous donc le dévoûment de M. de Montalivet, en 1831, risquant sa vie pour sauver celle de M. de Polignac et de ses collègues jugés et condamnés par la chambre des pairs ? Est-ce que M. de Montalivet était plus obligé que M. de Polignac d'aller se faire tuer ? Est-ce que la vie de M. le comte de Montalivet valait moins que celle de M. le prince de Polignac ? Comment qualifierez-vous donc le dévoûment de M. de Lamartine, en 1848, s'efforçant, au péril de sa popularité et de son existence, de rassurer la société abandonnée à elle-même par ses tuteurs en fuite ? Est-ce que M. de Lamartine était plus obligé que M. Guizot d'aller se faire tuer ? Est-ce que la vie de M. de Lamartine était moins précieuse à conserver que celle de M. Guizot ? Comment, enfin, qualifierez-vous le dévoûment du général Espartero, venant aussi tout risquer pour sauver tout ce que le comte de San-Luis a mis en péril ? Est-ce que le général Espartero était plus obligé que don Sartorius d'aller se faire tuer ? Est-ce que la vie de don Sartorius est plus importante à ménager que celle du général Espartero ?

Est-il donc juste et sensé que ce soient les hommes qui n'ont pas commis l'attentat qui le réparent ou qui l'expient ?

———

A la question telle qu'elle vient d'être posée par la *Presse* en ces termes, l'*Assemblée nationale* répond :

« Parce que nous avons dit que les dépositaires du pouvoir, renversés par une insurrection triomphante, *vaincus*, pour nous servir du mot même que la *Presse* employait, ne doivent pas s'aller faire tuer sans profit pour la société par leurs sauvages vainqueurs, M. de Girardin nous reproche d'avoir préconisé la lâcheté, d'avoir conseillé aux hommes d'État de fuir pendant le combat, de n'opposer aucune résistance à la révolution, ou du moins de se décharger entièrement sur d'autres du soin de lui résister à leur place. — A. DE SAINT-ALBIN. »

Répondre ainsi, est-ce répondre ?

Otez le courage à cette espèce de gens vulgairement appelés *casse-cous*, que seront-ils ? Ils ne seront plus que la pire espèce des lâches, la plus dangereuse, l'espèce des lâches-fanfarons.

Otez le courage à cette espèce de ministres de la dernière heure, dont le vrai nom serait *casse-couronnes*, que leur restera-t-il ? — Ce qu'il reste à l'introuvable don Sartorius, comte de San-Luis, caché on ne sait où.

O monarchies ! voilà donc les hommes que vous prenez toujours pour vous sauver ! — Des hommes qui se sauvent.

Est-ce que l'*Assemblée nationale*, n'ayant rien à répondre, n'eût pas mieux fait de garder le silence !

La *Gazette de France* fait la remarque suivante, d'une vérité incontestable :

« La révolution qui a éclaté en Espagne ne peut être imputée aux journaux. Les journaux qui paraissaient alors à Madrid n'ont agi en rien dans l'insurrection d'O'Donnell ; ils ont même constamment appuyé la répression de ce soulèvement ; toutes les nouvelles qu'ils ont données étaient dans le sens du rétablissement de l'ordre. Et l'on a pu croire en Europe que tout était fini au moment où les événements ont dit que tout était perdu. Il y a là, sinon la preuve que les journaux, quand ils sont libres, ne rendent pas la tâche des gouvernements plus pénible, du moins la preuve que leur annulation, quelque complète qu'elle soit, ne fait rien au fond des questions de révolution. — H. DE LOURDOUEIX. »

Nous ferons, nous aussi, une remarque, laquelle nous est inspirée par ces lignes, que nous trouvons dans le *Moniteur :* « Madrid est tranquille. Le général » San-Miguel déploie beaucoup d'activité pour le main- » tien du bon ordre. »

Voici notre simple remarque :

Lorsqu'une révolution a éclaté, lorsque le désordre est non-seulement dans les rues, ce qui est grave, mais aussi dans les esprits, ce qui est plus grave encore, à qui s'adresse-t-on pour contenir ce désordre et ramener l'ordre ? Toujours on s'adresse aux hommes dont on se défiait et dont on s'effrayait la veille, qu'on repoussait en les qualifiant « d'hommes avancés, » d'hommes dangereux, de brouillons,

4

« *patients, hasardeux, chimériques.* » Or, voici notre raisonnement : si ces hommes sont aptes à faire ce qui est le plus difficile et le plus périlleux , pourquoi ne seraient-ils donc pas aptes à faire ce qui l'est moins? Pourquoi ne recourt-on jamais à eux que dans les mauvais jours et jamais dans les bons? Pourquoi ne les prendre jamais pour pilotes qu'après que le vaisseau a échoué et qu'on ne sait plus comment le remettre à flot, au lieu de les prendre pour éviter les écueils? Depuis que le maréchal de Saldanha , traité d'abord de « rebelle », a été nommé président du conseil en Portugal, l'ordre règne-t-il moins à Lisbonne? Après la révolution de juillet 1830, M. Casimir Périer, repoussé par Charles X, a-t-il donné raison aux défiances qui l'avaient fait obstinément écarter du ministère pour y appeler M. de Polignac? Après la révolution de février 1848, M. Odilon Barrot n'a-t-il pas donné à toutes les timidités, dont la majorité de 1846 formait le faisceau, autant de garanties que M. Guizot leur avait fait de concessions? Ah ! s'il nous était permis de faire un reproche à ceux qu'on appelle « *les hommes avancés* », ce ne serait certes pas celui qu'on leur adresse communément ; le reproche que nous leur ferions, ce serait généralement de trop ressembler le lendemain à leurs prédécesseurs de la veille. Pourquoi donc s'effrayer d'eux lorsque, si souvent, il suffit de les choisir à temps pour faire tomber la défiance publique et calmer l'impatience populaire? Vaut-il donc mieux ne marcher que sur un pied au lieu de se servir alternativement du pied droit et du pied gauche? L'idéal de toute politique est-il donc d'être boiteuse? Est-ce que l'expérience et l'histoire attestent que ce soit là le moyen de marcher plus longtemps et plus sûrement?

21 août 1854.

Le fait le plus considérable à nos yeux est la démission de M. Collado, ministre des finances, annoncée par une dépêche télégraphique du 16. Cette démission vient donner raison à nos prévisions; elle prouve que les embarras les plus sérieux de la situation, en Espagne, auront pour cause la nécessité et la difficulté des réformes économiques, dès que l'on hésite et qu'on ne va pas résolûment au fond des questions. Subordonner la question économique à la question politique, c'est subordonner le fond à la forme, tandis que subordonner la question politique à la question économique, c'est subordonner la forme au fond.

Les nouvelles d'Espagne viennent, plutôt que nous ne le supposions, donner raison à nos prévisions. Il faut gagner les révolutions de vitesse, sous peine de se laisser dépasser par elles. Il faut faire tout de suite bien ce que, tardivement, elles feront inévitablement mal. Cependant, il y a encore une chance favorable, ce serait que les bruits relatifs à une modification de cabinet se confirmassent, et que l'une des deux influences rivales devînt exclusivement prépondérante, sauf à l'autre à avoir plus tard son tour. Ce qu'il y a de plus redoutable que l'anarchie en bas, c'est l'anarchie en haut, ayant pour cause le tiraillement, en sens opposés, de deux volontés obligées d'agir comme si elles n'en faisaient qu'une, et ayant pour effets répercutés à l'infini, à tous les degrés et sous toutes les formes, les luttes intestines, les défiances réciproques, les rivalités subalternes. Point de pouvoir sans unité! Tout accouplement contre nature a pour condamnation la stérilité. L'erreur funeste qui a perdu toutes les révolutions, qui les a fait tomber dans tous les excès, dont elles ne pouvaient se préserver qu'en s'appliquant uniquement à sortir de tous les abus, l'erreur qui continuera de les perdre et de les paralyser, c'est de vouloir que ce qui doit être *successif* soit *simultané*. Toujours et partout il existe deux tendances opposées ; il ne faut pas s'en plaindre, il faut les utiliser, non en les neutralisant l'une par l'autre, mais en laissant l'une d'elles prendre pleinement le dessus, et en réservant la seconde pour remplacer la première dès que celle-ci aura accompli sa tâche, quelle qu'elle soit, et n'aura plus de raison de subsister. *Après* le maréchal Espartero, le maréchal O'Donnell ; ou *après* le maréchal O'Donnell, le maréchal Espartero, mais non ensemble. Après le flux, le reflux ! Est-ce que le flux et le reflux sont *simultanés ?* est-ce qu'ils ne sont pas *successifs ?* Est-ce qu'on marche en portant *simultanément* le pied droit et le pied gauche en avant ! Non, on saute ainsi un obstacle, mais on ne marche pas ; on ne marche qu'en portant *successivement* et alternativement le pied gauche après le pied droit. A chacun son tour et son œuvre ! Si ces observations, puisées à la source même de l'expérience, ne prévalent pas à Madrid, l'Espagne peut s'attendre à subir tous les excès et à souffrir tous les maux. Si la reine et sa mère peuvent encore être sauvées en Espagne, elles le seront par le maréchal Espartero ayant tout le pouvoir, c'est-à-dire toute la liberté d'action et toute la responsabilité de ses actes devant son parti et devant l'histoire ! Il y a des heures suprêmes où ce qui croit vous sauver vous perd. C'est ce que paraît avoir parfaitement compris le maréchal Narvaez. Cette réserve est le meilleur exemple que puisse suivre le maréchal O'Donnell.

APPENDICE.

(*PRESSE*, 21 août 1854.)

Paroles prononcées par M. Rios-Rosas au banquet donné par la presse espagnole au gouvernement nouveau :

« Il ne faut pas empêcher les manifestations des idées. *Il faut les accepter si elles sont bonnes, et les discuter quand elles ne le sont pas.* Il faut comprimer seulement les actes séditieux, et, pour cela, je compte sur le gouvernement, sur l'armée, sur la milice nationale et sur la municipalité de Madrid. »

Ces paroles nous ont remis en mémoire l'extrait suivant de l'ouvrage intitulé : LORD PALMERSTON, L'ANGLETERRE ET LE CONTINENT (1er vol., pages 288 et 289) :

« Qui, d'ailleurs, pourrait ne pas reconnaître dans l'écriture le plus puissant moyen de civilisation? N'est-elle pas à la fois la force productive et conservatrice? Ne sont-ce pas les richesses littéraires de l'ancien monde, apportées par l'émigration byzantine fuyant devant la barbarie qui firent sortir l'Europe, resplendissante de lumières, des épaisses ténèbres du moyen-âge? Honneur donc à l'écriture, plus d'honneur encore à l'imprimerie, qui en est la puissante multiplication! *Laissez donc une pleine et entière liberté à vos écrivains; qu'ils écrivent librement sur toutes les matières :* religion, philosophie, histoire, politique, gouvernement, littérature : mais que leurs discussions soient réfléchies et approfondies, *les mauvaises maximes n'ont pas de durée.* Dans un demi-siècle, que restera-t-il de la philosophie du dix-huitième siècle et de toute l'école politique qu'elle avait fondée? Les débris de cette école ne sont-ils pas, à tort ou à raison, la risée de votre jeunesse? Tout passe, hormis la vérité.

» J'honore plus que personne les écrivains de conscience qui passent leur vie à la chercher; même leurs erreurs sont utiles, car tracer la route qu'il ne faut pas suivre est encore un moyen d'indiquer la bonne voie. »

Lorsqu'on entend journellement contester, en France, le *droit de tout dire* ayant pour correctif le *droit de tout contredire*, il est assez étrange de voir admettre ce double droit par un homme d'État autrichien, par le comte de Ficquelmont reconnaissant que le *droit de tout dire* a pour correctif le *droit de tout contredire*, que *les mauvaises maximes n'ont pas de durée*, que *tracer la route qu'il ne faut pas suivre est encore un moyen d'indiquer la bonne voie*; à l'appui de cette opinion, qui est banale en Angleterre et aux *États-Unis*, mais qui paraît paradoxale en France, citons encore quelques autres autorités :

Citons Jefferson, qui, pendant sa première présidence, fut l'objet d'attaques aussi violentes qu'injustes de la part des journaux, qui n'avaient pu réussir à lui faire préférer le colonel Burr, le candidat fédéraliste; réélu malgré cette opposition véhémente, le premier usage qu'il fait de son pouvoir, c'est pour repousser les mesures restrictives de la liberté de la presse que proposaient ses amis politiques, irrités ou effrayés des excès auxquels ses adversaires s'étaient portés contre lui :

« JEFFERSON. Pendant le cours de notre adm'nistration et dans le but de la troubler, l'artillerie de la presse a été pointée contre nous, chargée de tout ce que la licence a pu imaginer ou oser. Ces abus d'un instrument si utile à la liberté ainsi qu'à la science doivent être vivement déplorés, en ce qu'ils tendent à diminuer l'idée de son utilité et à en compromettre l'usage. Peut-être eût-on pu corriger ces abus en appliquant les salutaires lois portées par divers États de l'Union contre la calomnie et la diffamation; mais des devoirs plus pressants devaient remplir le temps d'un humble serviteur de la république, et l'indignation des bons citoyens a fait justice d'excès coupables, à défaut de la vindicte de la loi.

» Il n'était pas d'ailleurs sans importance pour le monde qu'une libre et entière expérience fût faite, afin de connaî-

tre si la seule discussion, sans aucune intervention du pouvoir, ne suffit pas pour propager et protéger la vérité; et un
gouvernement fidèle observateur de la Constitution de la
république, faisant preuve de zèle et d'intégrité, et s'abs-
tenant de tout acte qui ne fût pas de nature à avoir le
monde entier pour témoin, peut succomber sous la calomnie et la diffamation.

» Cette expérience a été faite. Vous avez vu le résultat.
Nos concitoyens ont tout observé avec calme; ils ont dé-
couvert la source cachée de tant d'outrages; ils se sont
ralliés autour des fonctionnaires élus par eux, et, quand
la Constitution les a appelés à se prononcer par suffrages,
ils ont rendu justice à qui les avait bien servis, et, par
leur conduite, montré l'excellence du principe qui ne re-
connaît qu'au peuple tout entier le droit de se gouverner
lui-même. On n'entend pas conclure de là que les lois portées par divers États de l'Union contre les publications
calomnieuses et diffamatoires ne doivent pas être appli-
quées.

» Quiconque a le loisir suffisant sert les mœurs et la
tranquillité publique en réprimant les abus à l'aide des
moyens coërcitifs que lui donne la loi. Mais *l'expérience a
prouvé que, puisque la vérité et la raison ont pu se soutenir
d'elles mêmes contre de déplorables fureurs, sans avoir même
recours aux lois existantes, la presse exige peu de restrictions légales. C'est au bon sens national et au jugement public à rectifier les mauvais raisonnements et les faux principes et à faire justice des mauvaises passions en écoutant
toutes les parties. J'estime donc suffisantes les limites ac-*
tuellement établies entre l'inestimable avantage de la liberté de la presse et le mal que peut faire la licence.

» Je doutais, vous le savez, dans le temps où je vivais
avec vous, si l'état de la société en Europe comportait un
gouvernement républicain, *et j'en doute encore.* Avec un
chef héréditaire, mais renfermé dans d'étroites limites,
avec un corps législatif investi du droit de déclarer la
guerre, une rigide économie des contributions publiques,
l'interdiction absolue de toutes dépenses inutiles, on peut
réaliser à un très haut degré les conditions d'un gouvernement honnête et éloigné de toute oppression; *mais la garantie de tout cela, c'est une presse libre.* Il est impossible de
résister à l'opinion publique quand il lui est permis de se
manifester sans restriction. Il faut se résigner à *l'agitation que produit la presse; c'est le mouvement nécessaire pour
maintenir la pureté des eaux.* »

(Lettre au marquis de Lafayette, 1823.)

Citons M. Achille Murat, frère du prince Lucien

Murat, mort en 1847, citoyen des États-Unis, et écrivant ce qui suit dans le livre remarquable qu'il a publié sous ce titre : *Exposition des principes du gouvernement républicain :*

« A. MURAT. Il est indispensable que les journaux jouissent du plus de liberté possible. Il n'y a aucun danger à cela, car un journal qui contiendrait habituellement une opinion diamétralement opposée à celle de la majorité ne serait pas lu et serait très innocent. Il exciterait, dites-vous, à la haine et au mépris du gouvernement. Vraiment ! Allez donc voir si cela est possible aux États-Unis ! Qu'un journal s'amusât à y prêcher des doctrines monarchiques et à représenter la démocratie sous les plus odieuses couleurs, on s'en vengerait de la manière la plus cruelle,—en ne le lisant pas.—Là où le gouvernement mérite la haine et le mépris, là seulement on n'excite pas en vain à la haine et au mépris du gouvernement.

» Toute publication contre les bonnes mœurs ou contre le caractère d'un citoyen, faite avec malice et de nature à troubler la paix, vraie ou fausse, est un délit dont un grand jury peut et doit prendre connaissance. C'est là le seul crime de la presse connu en Amérique ; car du gouvernement on peut dire et imprimer tout ce qu'on veut. Les journaux innombrables qui s'impriment partout, jusque dans le plus petit village, sont entièrement libres, n'ayant pas besoin de permission ou de cautionnement pour paraître. »

Aux citations qui précèdent, ajoutons les suivantes :

« PAUL-LOUIS COURIER. — Laissez-vous emprisonner, laissez-vous pendre, mais publiez votre pensée. Ce n'est pas un droit, c'est un devoir. La vérité est toute à tous. Ce que vous connaissez utile, bon à savoir pour un chacun, vous ne le pouvez taire en conscience ; et comme il n'y a point d'homme qui ne croie ses idées utiles, il n'y en a point qui ne soit tenu de les communiquer et répandre par tous les moyens à lui possibles. Parler est bien, écrire est mieux, imprimer est excellente chose et la meilleure qui se puisse faire ; car si votre pensée est bonne, on en profite ; mauvaise, on la corrige, et l'on profite encore. Mais l'abus !... Sottise que ce mot. Ceux qui l'ont inventé, ce sont ceux qui vraiment abusent de la presse, en trompant, calomniant et empêchant de répondre. »

« **MERCIER**, — Quel est le vrai créateur de l'opinion publique? La liberté de la presse. C'est d'elle qu'émanent les grandes vérités politiques d'où dépend le sort de tous les peuples ; sans elle, il n'y a que servitude, qu'oppression impunie. Les ennemis de la Révolution frémissent d'avoir vu la presse former dans les deux mondes cette opinion publique qui distribue la gloire ou l'opprobre. Mais Dieu a voulu qu'il existât sur la terre une chose supérieure aux lois elles-mêmes, à laquelle toutes les puissances doivent l'hommage de la soumission et du respect, ce sont les **LUMIÈRES PUBLIQUES**, et leur seul organe, la presse libre. »

« **COMTE DE TOCQUEVILLE**. — *Il n'existe en réalité pour la presse que deux régimes, celui de la* LIBERTÉ *ou celui de* L'ARBITRAIRE.

» Avec la liberté, les excès de la presse sont fréquents, mais son influence s'use par ces mêmes excès ; si elle se répète, elle ennuie ; si elle se montre constamment dénigrante, elle dégoûte. En outre, elle est ouverte à la défense comme à l'attaque.

» Le système de l'arbitraire ne peut devenir efficace qu'en se montrant redoutable. A l'aide de sa police, le pouvoir connaîtra les auteurs, imprimeurs et colporteurs anonymes des écrits prohibés, et il les punira d'une manière assez sévère, assez durable pour intimider ceux qui voudraient les imiter.

» La liberté entière de la presse ne pouvait exister sous la monarchie absolue de Louis XV. Avait-on efficacement organisé l'arbitraire ? On peut répondre que non, puisque le torrent des idées nouvelles a débordé de toutes parts... Les attributions des censeurs n'avaient rien de déterminé : nul doute qu'ils ne dussent s'opposer aux attaques contre le principe du gouvernement et contre la religion. *Jusqu'où pouvaient-ils tolérer les controverses sur les matières religieuses et les actes du pouvoir?... La borne n'était pas fixée.* »

(Histoire philosophique du règne de Louis XV, 2e éd., 1847.)

« **FILANGIERI**,—Il existe dans chaque nation un tribunal invisible en quelque sorte, mais dont l'action est continue et plus puissante que celle de la loi, des magistrats, des ministres et du prince... C'est ce tribunal, dont la puissance est invincible, qui vous montre surtout que la souveraineté est constamment et réellement dans le peuple, et qu'il ne cesse pas de l'exercer, quoique l'autorité immédiate en soit placée dans les mains de plusieurs ou d'un seul, d'un sénat ou d'un roi : ce tribunal est celui de l'opinion publique...

» Mais de quelle manière ce tribunal pourra-t-il être instruit?... Comment pourra-t-il être préservé de cette léthargie?...

» Par la liberté de la presse, que les lois doivent protéger de toute leur puissance; l'intérêt public, la justice, l'exigent.

» Il est un devoir commun à chaque membre d'une société, droit qu'il ne peut perdre, abandonner, céder, parce qu'il résulte d'un devoir rigoureusement obligatoire pour tout homme, dans toute société... Ce devoir est celui de contribuer, autant qu'il est possible, au bien de la société à laquelle on appartient, et le droit qui en résulte est celui de manifester à ses associés toutes les idées que l'on croit propres à diminuer la somme de leurs maux et à augmenter celle de leurs biens.

» La liberté de la presse est donc de sa nature fondée sur un droit qu'on ne peut ni perdre ni aliéner, qui est antérieur à toutes les lois et plus puissant qu'elles, parce qu'il dérive de cette loi suprême qui les précède et les renferme toutes.

» .... L'autorité de la loi ne peut pas avoir plus d'influence sur l'exercice de ce droit que sur celui de tous les autres, c'est-à-dire que ses dispositions doivent porter non sur une chose, mais sur la personne qui en abuse.

» Mais, dira-t-on, si l'erreur est toujours funeste par elle-même, quoiqu'elle ne soit pas mêlée à un délit, un auteur pourra devenir dangereux sans être coupable. Quel remède y a-t-il contre ce mal lorsque la presse est libre? Je réponds: La liberté même de la presse.

» Une erreur n'est jamais funeste lorsqu'elle est généralement connue pour telle, ou lorsqu'on peut la faire connaître.

» Ou l'erreur d'un écrivain est donc généralement connue, et alors l'improbation publique sert à la fois de peine et de remède, ou elle est adoptée par un grand nombre de personnes, et alors, comme il n'est pas d'erreur qui ne nuise à quelqu'un, il n'y en aura point qui ne soit attaquée, et le caractère de l'évidence n'étant jamais attaché qu'à la vérité, l'intérêt de combattre l'erreur fera ou découvrir ou éclaircir la vérité, et l'illusion de l'erreur disparaîtra bientôt. Le triomphe de la vérité sera alors la peine et le remède, et l'avantage que l'instruction publique en retirera sera l'effet de la discussion, qui est elle-même l'effet de la liberté.

» La presse ne pourra manifester les erreurs sans offrir les moyens de les dévoiler et de les combattre. A la faveur de l'obscurité, elles auraient pu se propager lentement, tromper les hommes crédules, égarer les dérositaires de l'autorité pub'ique ; la liberté les montrera dans toute leur difformité, et assurera à la vertu sa force et son éclat.

» La publicité de l'erreur est donc le meilleur remède contre les maux qu'elle cause : il n'y a que la vérité qui gagne à être connue. L'erreur n'a pour elle qu'une seule face ; la vérité les a toutes. Une seule face ne suffira pas à un grand nombre d'observateurs; ils formeront un cercle autour de l'objet, et ce cercle, qui sert à faire évanouir l'illusion de l'erreur, sert à dissiper les nuages qui obscurcissent la vérité.

» La liberté de la presse.... doit donc être regardée comme une source inépuisable de biens, comme le droit le plus propr· à conserver les autres droits, comme l'espèce de liberté qui est le moins exposée à dégénérer véritablement en licence ; enfin, comme un des p'us gran is secours que les lois puissent offrir à l'instruction publique.

» C'est par ce moyen que pourrait se réaliser le vœu de Platon, qui désirait, pour le bonheur des peuples, que les philosophes fussent rois ou que les rois fussent philosophes.... Les philosophes régneraient en dirigeant l'opinion, et les rois, pour être honorés par elle, deviendraient philosophes. »

(Science de la législation, 1783-1788.)

« BÉRENGER. — La liberté de la presse, c'est la dernière ressource des rois pour connaître la vérité ; sans la liberté indéfinie de la presse, un souverain est nécessairement livré aux opinions de sa cour, et alors tout change de couleur et de nature à ses yeux... » — (1789.)

« A. PORTALIS. — Un règlement contre la liberté de la presse serait une véritable sentence d'interdiction contre la raison humaine.

» La pensée est la première propriété de l'homme, et naturellement la plus indépendante.

» Il est plus facile de prohiber, de contraindre, de détruire, qu'il ne l'est de gouverner ; mais, pour nous servir de l'expression de Montaigne, nous disons qu'il ne s'agit point ici de ce qui est plus ou moins commode pour les gouvernants, mais de ce qui est plus ou moins utile pour les gouvernés. *(Conseil des anciens.)*

« CH. DE LAMETH. — Si tous ceux contre lesquels il s'est publié des libelles voulaient se plaindre, nous consumerions pour nos affaires personnelles le temps que nous devons aux affaires générales. Rapportons-nous-en au bon sens public. »

« **MARQUIS DE PASTORET**. — L'organisation politique perfectionnée, l'infraction aux droits du peuple, comme l'intrigue, surveillée et aperçue jusque dans les derniers replis de sa tortueuse marche, les complots de l'ambition découverts, l'usurpation tremblante de ses propres projets et finissant par en être victime, voilà les bienfaits de la liberté de penser et d'écrire. Elle féconde l'opinion publique, elle menace et suspend le crime ; et, s'il est heureux, elle devient le châtiment de son succès même. Il n'est aucun pays libre qui ne la protége, aucun pays esclave qui la souffre.

» S'il est une démocratie que puissent supporter un pays vaste et un peuple nombreux, c'est la démocratie de la pensée. La presse est le sens universel du corps politique, comme le tact l'est du corps humain. Sa liberté est d'ailleurs une conséquence nécessaire de la faillibilité universelle. Il faut ou la permettre, ou soutenir que l'erreur est impossible à ceux qui gouvernent. Elle effarouche, je le sais, l'orgueil et la domination, car elle les menace et les démasque ; elle effraye et déconcerte l'audace et la tyrannie par la possibilité seule de sa vigilance, mais les craintes qu'elle inspire deviennent encore un éloge pour elle, une nouvelle preuve de sa nécessité. »

(Conseil des Cinq-Cents.)

« **DUNOYER**. — Pour prévenir les révolutions, comme pour opérer la répression des abus, la liberté de la presse est indispensable. Il la faut également à ceux qui ont un bon gouvernement et à ceux qui en ont un mauvais. La liberté de la presse est une des garanties, un des instruments de réforme et de préservation que nous nous sommes le plus efforcés de conquérir en France depuis le commencement de la Révolution. Jusqu'ici, tous nos efforts n'ont eu d'autre effet que de forcer le pouvoir à reconnaître en spéculation que cette garantie nous devait être accordée ; mais, à cet égard, ses professions de foi n'ont pas tiré à conséquence. *Tous nos gouvernements* ont mis la liberté de la presse au rang de nos droits publics, mais ce n'a été en quelque sorte qu'à condition que nous n'en ferions pas usage, et si chacun d'eux a paru se faire un devoir de nous passer le *mot*, ils ont tous mis une égale diligence à nous retirer la *chose*. »

« **CHATEAUBRIAND**. — Que les ministres se persuadent bien qu'ils ne sont point des seigneurs aristocratiques. Les ministres habiles ne craignent point la liberté de la presse : on les attaque et ils survivent... Que les ministres soient des hommes de talent, qu'ils sachent mettre de leur parti le public et la majorité des chambres, et les bons écrivains entreront dans leurs rangs, et les journaux les mieux faits et les plus répandus les soutiendront. Ils seront cent fois plus forts, car ils marcheront avec l'opinion générale. Quand ils ne voudront plus se tenir dans l'exception et contrarier l'esprit des choses, ils n'auront rien à craindre de ce que l'humeur pourra leur dire. Enfin, tout n'est pas fait dans un gouvernement pour des ministres; il faut vouloir ce qui est de la nature des institutions sous lesquelles on vit; et, encore une fois, il n'y a pas de liberté constitutionnelle sans liberté de la presse.

» *La presse est un élément jadis ignoré, une force autrefois inconnue,* introduite maintenant dans le monde, c'est la parole à l'état de foudre; c'est l'ÉLECTRICITÉ SOCIALE. *Pouvez-vous faire qu'elle n'existe pas? Plus vous prétendez la comprimer, plus l'explosion sera violente.* Il faut donc vous résoudre à vivre avec elle, comme vous vivez avec la machine à vapeur. *Il faut apprendre à vous en servir* en la dépouillant de son danger, soit qu'elle s'affaiblisse peu à peu par un usage commun et domestique, soit que vous assimiliez graduellement vos mœurs et vos lois aux principes qui régiront désormais l'humanité.

» Une preuve de l'impuissance de la presse dans certains cas se tire du reproche même que vous lui avez fait à l'égard de l'expédition d'Alger; vous l'avez pris, Alger, malgré la liberté de la presse; de même que j'ai fait faire la guerre d'Espagne, en 1823, sous le feu le plus ardent de cette liberté. »   (*Mémoires d'Outre-Tombe.*)

« L'EMPEREUR NAPOLÉON Ier. — Voyez ce qui sera possible pour la France, apportez-moi vos idées. Des discussions publiques, des élections libres, des ministres responsables, la liberté de la presse, je veux tout cela.....
La liberté de la presse surtout, l'étouffer est absurde. Je suis convaincu sur cet article... Je suis l'homme du peuple; si le peuple veut la liberté, je la lui dois. *J'ai reconnu sa souveraineté; il faut que je prête l'oreille à ses volontés, même à ses caprices.* Je n'ai jamais voulu l'opprimer pour mon plaisir. J'avais de grands desseins; le sort en a décidé. Je ne suis plus un conquérant; je ne puis plus l'être. Je sais ce qui est possible et ce qui ne l'est pas. Je n'ai plus qu'une mission : relever la France et lui donner un gouvernement qui lui convienne... Je ne hais point la liberté. Je l'ai écartée lorsqu'elle obstruait ma route; mais je la comprends, j'ai été nourri dans ses pensées. »

(*Mémoires sur les Cent-Jours,* par Benjamin Constant.)

« GÉNÉRAL BERTRAND. — La liberté d'écrire, si elle existait réellement, aurait *plus de puissance* pour arrêter ses propres écarts que tous les réquisitoires. En tout temps et partout, le talent a fait taire la médiocrité, *et le talent est toujours prêt à se rallier à un gouvernement de sincérité et de bonne foi...* Liberté illimitée de la presse!

» Mirabeau, dont le nom est à sa place à une tribune législative, et surtout à celle-ci, Mirabeau, dans une conversation particulière, résuma en peu de mots ses idées sur cette question si importante, la plus importante peut-être de toutes celles dont vous vous occupez. Je n'oserais, au sein de cette assemblée et devant un tel auditoire, répéter l'énergie et le cynisme de sa virile expression; mais je vais tâcher de traduire exactement sa pensée. (Écoutez! écoutez!)

» Morbleu! messieurs, dit Mirabeau avec énergie, vous ne savez donc pas que, sans la faculté de publier, d'imprimer, de faire circuler librement ce qu'il plaît à chacun, la liberté est une fille de joie qui n'aime à être caressée que sur des matelas de cadavres!... (Mouvement.)

» Si le mot de Mirabeau est profond et terrible, je le laisse, messieurs, à vos méditations.

» Liberté illimitée de la presse, voilà mon dernier mot. »
(Moniteur, 6 février 1831.)

« GÉNÉRAL PILLET. — Qu'on nous enlève s'il est possible, disent les Anglais, la loi d'*habeas corpus*, qui met le sujet à l'abri des emprisonnements arbitraires; qu'on nous retire la responsabilité des ministres; qu'on ôte aux communes le droit d'accorder ou de refuser l'impôt; qu'on abroge la loi qui déclare chaque année l'armée licenciée, si le Parlement ne la proroge... mais qu'on respecte la liberté de la presse, et *bientôt tout sera reconquis.* »

« LALLY-TOLLENDAL. — Point de liberté publique et individuelle sans la liberté de la presse; point de liberté de la presse sans la liberté des journaux. »
(Chambre des pairs, 1819.)

« ROYER-COLLARD. — Du droit constitutionnel de chaque Français *de publier et de faire imprimer ses opinions,* résulte la publicité universelle. La publicité est une sorte de résistance aux pouvoirs établis, que rien, dans les pays libres, ne doit pouvoir ni suspendre ni altérer; elle dénonce leurs écarts et leurs erreurs, et seule elle est capable de faire triompher contre eux la vérité et la justice. Elle est la plus énergique des résistances, parce qu'elle ne cesse jamais; elle est la plus noble, parce que sa force est dans la conscience morale des hommes. Envisagée sous ce rapport, la publicité est une institution, une liberté publique ; car, messieurs, les libertés publiques ne sont pas autre chose que des résistances.

» Ce n'est qu'en fondant la liberté de la presse comme droit public, que la Charte a inévitablement fondé toutes les libertés, et rendu la société à elle-même. La liberté de la presse a fondé la liberté de la tribune, qui n'a pas un autre principe ni une autre garantie. Ainsi, selon la Charte, la publicité veille sur les pouvoirs ; elle les éclaire, les avertit, les réprime, leur résiste. S'ils se dégagent de ce frein salutaire, ils n'en ont plus aucun ; les droits écrits sont aussi faibles que les individus. » — (1822.)

« GUIZOT. — Il n'y a pas de liberté pour la vérité, s'il n'y en a pas pour l'erreur ; il n'y en a pas pour le bien, s'il n'y en a pas pour le mal. Il faut que toutes les forces paraissent ; c'est là le caractère de notre gouvernement. » (1833.)

« THIERS. — Quoique fort habitué à la liberté de la presse, le Directoire s'effrayait du langage qu'elle prenait dans certains journaux ; il ne comprenait pas encore assez qu'il *faut laisser tout dire : Que le mensonge n'est jamais à redouter*, quelque publicité qu'il acquière ; qu'il s'use par sa violence, et qu'un gouvernement périt par la vérité seule, et surtout par *la vérité comprimée*. »

(*Histoire de la Révolution*.)

Voici en quels termes Chateaubriand, se servant de la logique comme l'astronome se sert des mathématiques, prédisait quinze ans d'avance la chute de la monarchie de 1830 :

« Il existe deux sortes de révolutionnaires : les uns désirent la Révolution avec la Liberté, c'est le très petit nombre ; les autres veulent la Révolution avec le Pouvoir, c'est l'immense majorité. Nous nous faisons illusion ; nous croyons de bonne foi que la Liberté est notre idole : erreur. L'Égalité et la Gloire sont les deux passions vitales de la Patrie. Notre génie, c'est le génie militaire ; la France est un soldat. On a voulu les libertés tant qu'elles ont été en opposition à un pouvoir qu'on n'aimait pas, et qui semblait prendre à tâche de contrarier les idées nationales ; ce pouvoir abattu, ces libertés obtenues, qui se soucie d'elles, si ce n'est moi et une centaine de béats de mon espèce ? A la plus petite émeute qui n'est pas dans le sens de son opinion, à la plus légère égratignure dans un journal, le plus fier partisan de la liberté de la presse invoque tout haut ou tout bas la censure. Croyez-vous que ces docteurs, qui jadis nous démontraient l'excellence des lois d'exception, puis qui devinrent épris de la liberté de la presse quand ils furent tombés, qui se vantent aujourd'hui d'avoir toujours combattu en faveur des libertés, croyez-vous qu'ils ne soient pas enclins à revenir à leur première tendresse pour une *sage liberté*, ce qui, dans leur bouche, voulait dire la liberté à livrée ministérielle, chaîne et plaque au col, transformée en huissier de la chambre? Ne les entend-on pas déjà répéter l'ancien adage de l'impuissance : *Qu'il est impossible de gouverner comme cela ?*

» Je l'ai prédit dans mon dernier discours à la tribune de la pairie : la monarchie du 29 juillet est dans une condition absolue de gloire ou de lois d'exception ; elle vit par la presse, et la presse la tue ; sans gloire, elle sera dévorée par la liberté ; *si elle attaque cette liberté, elle périra.* »

Les paroles qui précèdent nous ont rappelé celles qui suivent :

« Lorsqu'une réforme est devenue nécessaire, et que le moment de l'accomplir est arrivé, rien ne l'empêche et tout la sert. Heureux alors les hommes s'ils savaient s'entendre, si les uns cédaient ce qu'ils ont de trop, si les autres se contentaient de ce qui leur manque : les révolutions se feraient à l'amiable, et l'historien n'aurait à rappeler ni excès ni malheurs ; il n'aurait qu'à montrer l'humanité rendue plus sage, plus libre et plus heureuse. Mais jusqu'ici les annales des peuples n'offrent aucun exemple de cette prudence dans les sacrifices : ceux qui devraient les faire les refusent ; ceux qui les demandent les imposent, et le bien s'opère, comme le mal, par le moyen et avec la violence de l'usurpation. Il n'y a pas encore eu d'autre souverain que la force. » (**MIGNET.** *Précis de la Révolution française.*)

Ces paroles sensées s'accordent avec ces mémorables mots de M. de Maistre :

« Ni le pouvoir ni la liberté n'ont jamais su dire : C'est assez. »

Paris. — Imprimerie SERRIERE et Cᵉ, rue Montmartre, 123.

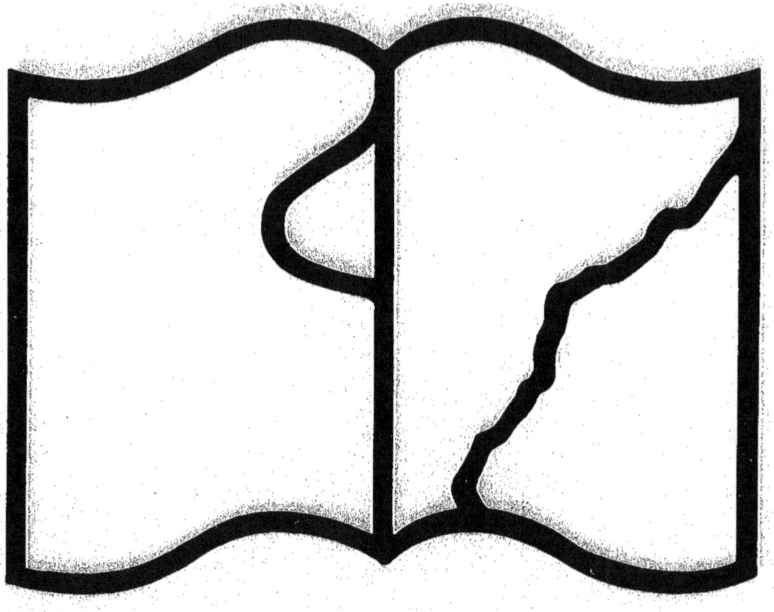

Texte détérioré — reliure défectueuse

NF Z 43-120-11

Contraste insuffisant

NF Z 43-120-14